KB161376

0.1% 인재들의 생각법

새로운 시대, 탁월한 성과를 만드는 4가지 역량

0.1% 인재들의 생각법

정소영 지음

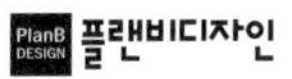

PROLOGUE

새로운 시대에 필요한 네 가지 역량

메타버스Metaverse가 일상 용어처럼 미디어에 자주 등장하면서 대학생이나 취업 준비생들에게 이런 질문을 많이 받습니다. "앞으로 사회에 나가 경쟁력을 가지려면 무엇을 익혀야 할까요?", "도대체 어떻게 준비해야 하죠?" 중고등학생 자녀를 둔 학부모님들은 이렇게 묻기도 합니다. "우리 아이에게 어떤 역량을 키워줘야 할까요?" 정도에 차이는 있겠지만, 이런 질문들은 모두 급속도로 발전하는 기술에 대비해야 한다는 불안함, 이제 더 이상 사회 경제를 예측할 수 없다는 두려움에 기인합니다. 이 책에서는 급변하는 시대적 배경에서 MZ세대를 비롯한 알파, 베타 세대가 꼭 갖추어야 할 역량을 소개합니다.

코로나19 팬데믹 그리고 사명을 '메타'로 전환한 페이스북으로 인해 불과 몇 년 사이 메타버스는 사회 전 분야에서 주목받고 있습니다. 이전까지는 '4차 산업혁명'이 미래 산업의 중심이 될 것이라는 추측이 쏟아지기도 했는데요, 우선 정확히 짚고 넘어 가자면 메타버스는 4차 산업혁명의 일부분입니다. 4차 산업혁명에 포함되는 Web 3.0, 빅데이터, 인공지능, AR/VR/MR, IoT, 스마트 시티 등과 같은 기술들이 융합하면서 비로소 메타버스라는 콘셉트도 실현 가능해졌기 때문입니다.

다만 최근의 빠른 기술 발달로 인해 우리의 삶과 산업이 어떤 방식으로 전개될지 한 치 앞을 내다보기 어려운 게 사실입니다. 특히, 정보 통신 기술ICT과 함께 메타버스라는 가상 현실의 구현, 현실 세계와의 호환 가속화가 일어나면서 지금까지와는 다른 역량과 능력이 필요해졌습니다. 가령 지금까지 이른바 인재人才로 인정받기 위한 필수 요소였던 학벌, IQ 같은 지표 대신 빠른 변화 혹은 완전히 달라진 현상에 대한 신속한 대응력과 완전히 새로워진 현상을 파악하는 능력, 그리고 창의적인 문제 해결 능력 등이 동시에 요구되고 있습니다. 이러한 능력들을 기르기 위한 방법론적 차원에서 이 책에서는 입체적 시각화Spatial Visualization, 시뮬레이션Simulation, 애자일Agile, 유추Analogy 등 네 가지 역량들을 중점적으로 다룹니다.

물론 개인에게 주어진 상황을 잘 파악해 내는 능력은 기존에도 중요하게 평가됐습니다. 하지만 종래의 디지털 사회에서는 그 속도와 현상이 표면적으로 잘 드러나지 않은 반면, 메타버스가 상용화되고 일상이 된 미래에는 더욱더 면밀한 관찰력이 요구될 것입니다. Part 1에서는 이러한 입체적 관찰력과 이를 바탕으로 한 시각화 능력을 다룹니다. 또 이를 제대로 이해하고 관찰하여 스스로 제시한 문제 해결 방법이 맞는지 확인해볼 수 있는 시뮬레이션 능력을 Part 2에서 소개합니다. 제대로 된 관찰을 바탕으로 시각화 및 시뮬레이션을 해볼 수 있었다면, 직접 빠르게 실행하고 피드백을 받을 수 있는 접근법인 애자일을 Part 3에서 다룹니다. 이는 제대로 된 훈련을 가능하게 하는 접근법으로서, 혼자 개인적으로 훈련하기보다는 팀원과 함께 진행되는 만큼 객관적인 피드백과 데이터를 기반으로 합니다.

관찰, 시각화, 시뮬레이션 그리고 직접 수행해본 애자일적 접근을 통해 실질적인 경험을 확장했다면 가장 궁극적으로 개발해야 하는 건 바로 Part 4의 유추 능력입니다. 창의적인 유추 능력은 Part 1부터 Part 3까지의 수많은 실행과 실패, 제대로 된 훈련을 거쳐 개발되는 가장 고난위도의 역량이자 미래를 열 수 있는 열쇠와 같은 능력입니다.

최근 기업에서 MZ세대를 긍정적으로 평가할 때 단연 돋보이는 부분은 바로 신속한 대응 능력과 문제 해결 능력입니다. 기존 세대보다 빠르게 정보를 찾아내고 문제를 해결하죠. 또한 많은 일을 동시에 잘 수행할 수 있습니다. 정보화 시대에 교육받은 세대로서, 이들은 인터넷을 통해 여러 정보를 수집하고 통합하여 제대로 된 해결책을 찾아냅니다. 하지만 성공적으로 문제를 빠르게 해결하는 근본적인 비결은 높은 모방 능력 입니다 과밀한 정보 사회에서 어떻게 하든 정보를 찾아낸다면 누구보다 빠르고 쉽게 모방을 해낼 수 있는 것이죠.

하지만 앞으로 펼쳐질 시대에서는 제대로 된 통찰력과 직관력, 그리고 뛰어난 창의력이 더욱 중요합니다. 모방을 넘어 누구도 생각지 못한 직관에 가까운 유추 능력을 갖출 때, 다음 세대의 미래는 완전히 달라질 것입니다. 시각화, 시뮬레이션, 애자일을 바탕으로 한 경험이 빚어낼 창의적 유추 능력은 새로운 시대에 꼭 필요한 역량입니다.

지금까지 나온 여러 창의력에 관한 책들은 유아나 어린이를 대상으로 쓰여진 경우가 많았고, 그 능력을 가시적으로 극대화할 수 있는 방법까지는 제시하지 않는 게 일반적이었습니다. 이러한 능력은 직관에 가깝고 측정하기가 어려우며, 주관적인 해석과 개입이 있기 때문입니다. 이 책에서는 문제 해결 능력의 창의성을 유추 능력으로 설정하고, 이를 기르기 위한 백트래킹을 보여줍니다.

앞으로 소개할 네 가지 역량은 개별적으로 존재할 때 보다는 여러 환경에서 체득되어 동시에 적용될 때 가장 유리한 구조입니다. 각각의 역량을 개별적으로 소개할 뿐, 서로 유기적으로 연결되어 있다는 의미입니다. 그러다 보니 Part 1에서 Part 4로 갈수록 점점 내용이 복잡하고 어렵다고 느낄 수 있고 명료하지 않다는 느낌도 받을 수 있습니다. 그래서 이 책을 효율적으로 활용할 수 있도록 다음과 같이 Q&A 형태로 책 활용법을 소개합니다. 큰 줄기에서 대략적인 뼈대와 맥락을 미리 훑어보고 읽으면 개별 파트를 좀 더 쉽게 이해하실 수 있을 겁니다.

Q. 각 파트에서는 어떤 내용을 다루나요?

책 내용을 간단히 정리해 볼까요? 미래에 기본적으로 필요한 역량은 입체적 관찰 능력과 시각화, 그리고 시뮬레이션입니다. 이를 바탕으로 하는 의식적인 수행 노력이 애자일 역량이죠. 이것이 반복될 때 가질 수 있는 것이 유추 능력입니다. 이러한 네 가지 역량을 위계 질서에 따라 구조화해보면 아래 그림과 같습니다.

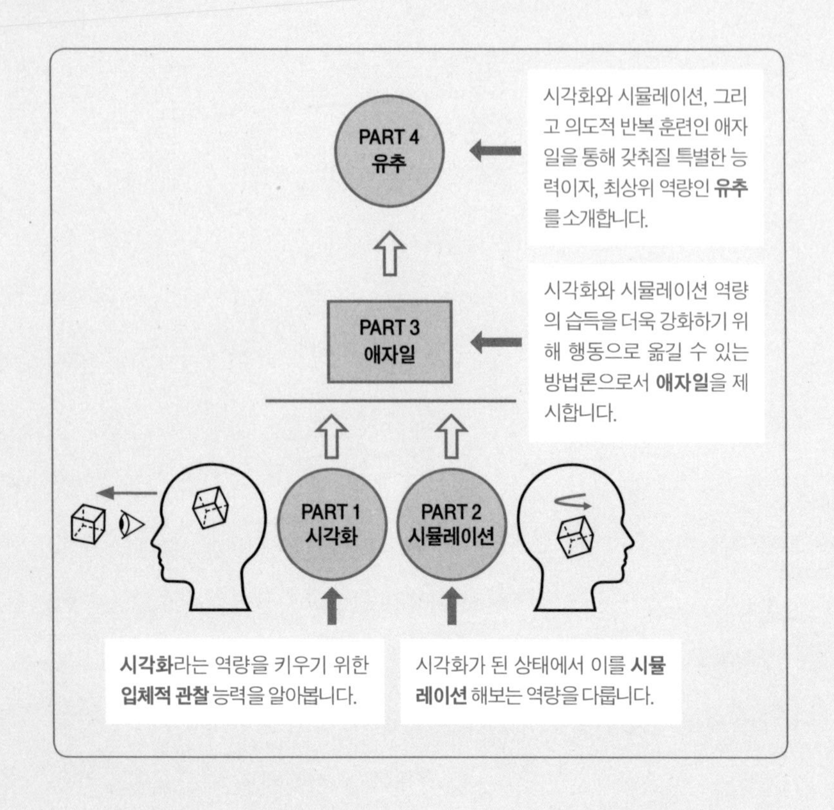

Q. 책은 어떻게 구성돼 있나요?

시각화와 시뮬레이션은 가장 기본적인 능력이므로 Part 1, 2에서는 이 두가지를 제대로 할 수 있는 예화와 정의, 인지 심리학에 근거를 둔 설명을 많이 포함하고 있습니다. 또한 두 가지 기존 역량을 측정해볼 수 있는 설문지와 또 이를 훈련해볼 수 있는 활용 포인트Activity Point가 들어있습니다.

특히 Part 2는 Part 1보다 좀 더 거시적인 측면에서 시뮬레이션을 설명합니다. 단순한 이미지에 대한 시뮬레이션이 아닌 입체적 시뮬레이션 그리고 수치적 시뮬레이션을 설명하면서 산업의 전반적인 예를 언급합니

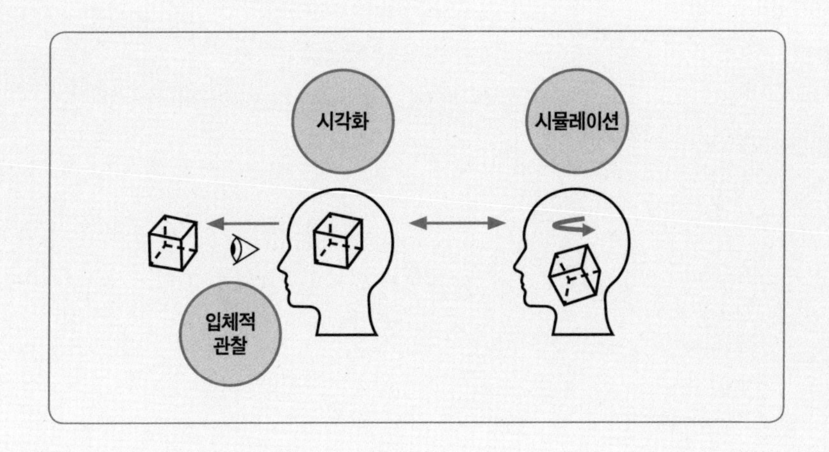

다. Part 3의 경우 기존의 산업에서 많이 사용하는 애자일 기법을 설명하고 있으므로 4차 산업혁명으로 인해 달라진 정보 산업에서의 애자일 및 시뮬레이션을 소개합니다.

초반에는 개인적인 역량 강화에 포인트를 둔 반면 책의 후반부로 갈수록 거시적인 측면에서 방법론을 소개합니다. 역량을 기른 우리는 결국 여러 부분에서 팀으로 혹은 사회적으로 함께 일하는 구조이기 때문입니다. 더 나은 실행을 하기 위해 세상의 배경을 이해하면서 훈련하길 바라는 마음으로 거시적인 측면에서 설명했습니다. 특히나 마지막에 다루는 유추의 경우, 앞의 역량을 개인적으로 또 사회적으로 키우고 난다면 생겨 날 수 있습니다.

Q. 꼭 순서대로 읽어야 하나요?

이 책을 꼭 순서대로 읽을 필요는 없습니다. Part 4를 먼저 읽어 보시는 것도 좋은 방법으로, 유추 능력과 시각화 능력 그리고 시뮬레이션 능력이 어떻게 연결되는지 보시는 데 도움이 될 수 있습니다. 다만 Part 3, 4의 예시들이 조금 어렵게 느껴질 수 있고, 많은 생각을 요하는 경우가 많습니다. 예를 들어 활용에 초점을 둔 애자일의 경우, 거시적인 관점으로 생각해야 하므로 산업적인 예시가 많습니다. 또 유추는 일반적으로 바로 생각해낼 수 있는 예시보다는 과학적 측면의 예시들을 포함합니다. 이 책에서 말하는 유추는 아무도 생각해낼 수 없었던 창의 혹은 창발에 가까운 문제 해결 능력을 기를 수 있도록 기획했기 때문입니다.

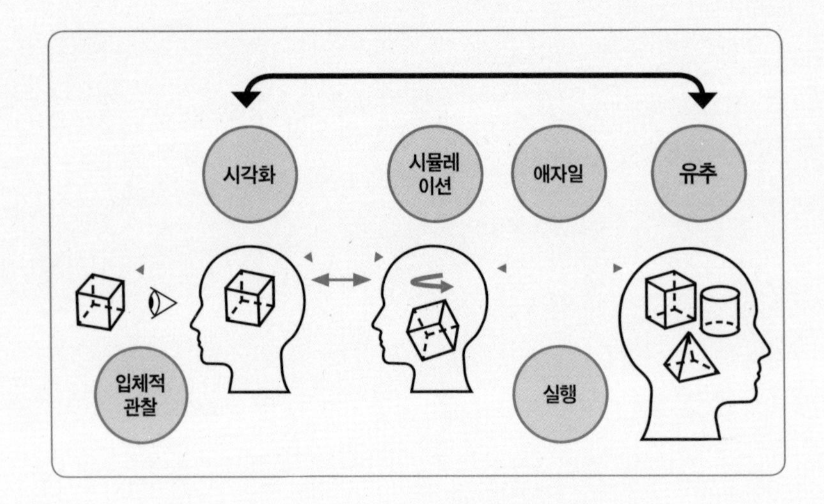

Q. 전문 용어가 많은데 잘 이해할 수 있을까요?

모든 파트에서 다양한 인지 심리학이나 과학 이론, 빅테크 기업의 예를 포함하고 있는 만큼 각주를 활용해 용어 설명을 했습니다. 그럼에도 이 책을 읽는 동안 여러 번 인터넷 검색을 해야 할 수도 있습니다. 본인만의 방식으로 메모하고 표시하면서 읽어 보시기를 추천합니다. 또 최신 논문

등 다양한 연구 결과에서 알려진 내용들을 다수 인용한 만큼 미주를 통해 출처를 밝혔습니다. 특히 관심 가거나 궁금한 부분이 있다면 직접 논문을 읽어 보시는 것도 추천합니다.

✦ 메타버스 기술은 단순한 쇠붙이나 전선, 비트(Bit)가 아니다. 사고하고, 행동하고, 창조하는 방식을 익히고 향상시킬 수 있는 일종의 두뇌 촉진제다. 저자는 메타버스 기술과 인간의 인식이 어떻게 상호작용하며 잠든 창의력을 깨울 수 있는지 소개함으로써 독자들을 메타버스의 세계로 인도한다. 이 책은 시각화, 시뮬레이션, 애자일, 유추라는 네 가지 인지(認知) 도구이자 차세대 핵심 역량으로 어떻게 메타버스를 입증할 것인지 연구한 지난 10년간의 기록을 아우르는 집합체다. 이 책을 편다는 것은 앞으로 펼쳐질 메타버스 시대에 꼭 갖춰야할 시공간적 인지 능력과 창의력을 끌어 올릴, 시의 적절한 가이드를 만나는 일이 될 것이다.

프랭크 비오카 Dr. Frank Biocca 뉴저지 공과대학 석좌 교수/ 전 미국방부 가상현실 트레이닝 센터 자문 교수

✦ 인간의 뇌는 시각과 공간 정보를 활용해 사물을 인지하고 이해하기 위해 시뮬레이션 과정을 거치며, 이는 개인의 창의력과 밀접하게 연결된다. 이 책은 입체적 관찰과 시각화, 시뮬레이션, 유추에 이르는 일련의 과정을 알기 쉽게 소개하면서 동시에 상위 1% 시공간적 학습자가

될 수 있는 방법을 명확하게 제시한다. 특히 다음 시대를 이끌어 나갈 MZ세대가 메타버스, 디지털 문화에 어떻게 대응하고, 메타 인지 및 공감 능력은 어떻게 키워야 하는지 구체적이면서도 현실적인 방안을 소개한다. 미래 인재가 되고 싶은 청소년, 학부모, 청년 모두에게 이 책을 추천한다.

정의준 건국대학교 문화콘텐츠학과 교수

✦ 현실이 디지털 기반의 가상 세계로 확장되는 메타버스의 시대를 우리는 어떻게 준비하고 맞이해야 할까. 코로나19 발생 이후 비대면 전환이 가속화되면서 언택트 시대에 사람들을 연결하는 메타버스가 중요한 화두로 떠올랐다. 이 책은 메타버스의 핵심에 대해 흥미롭게 해설하며 이미 도래한 미래에 적응하는 방법은 물론, 발전의 계기로 삼기 위한 방향성을 조목조목 제시한다. 저자는 특히 메타버스를 단순한 기술적 전환이 아닌, 사고의 전환 측면에서 이해해야 한다고 강조한다. 이는 인간의 소통을 확장시키는 메타버스가 우리에게 새로운 도전과 가능성을 동시에 보여주고 있음을 시사한다.

김지원 홍콩시티대학 미디어커뮤니케이션학과 조교수

CONTENTS

PART 3 기민한 체계, 애자일Agile

문제를 해결하는, 유추Analogy

PART 1

지각의 기술, 시각화 Visualization

메타버스 인재가 갖춰야 할 네 가지 역량 중 첫 번째는 시각화Visualization할 수 있는 능력입니다. 시각화란 머릿속으로 특정 형태나 장면을 떠올려 보는 과정을 의미하는데, 생각보다 아주 다양한 측면으로 활용됩니다. 인간의 생물학적 인지認知는 무엇인가를 '보는' 행위로부터 시작합니다. 본 것들을 '이해'하고, 이해한 것들을 토대로 '수행'하는 것이 인지의 기본적 속성이죠. 이때 무언가를 보고 이해하는 중간 과정에서 시각화가 이뤄집니다.1 우리가 지각知覺하는 과정을 조금 더 자세히 살펴볼까요? 인간은 보는 행위를 통해 뇌 속의 여러 부위를 활성화합니다. 또 그렇게 받아들인 시각 정보를 전두엽*을 활용해 인식합니다. 그러고 나면 뇌에서 수많은 과정을 거치고, 그 결과로 수행이라는 행동이 이어집니다.

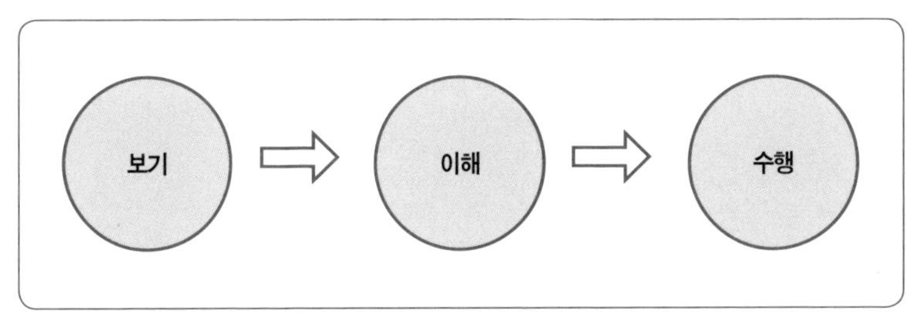

인지(認知)의 기본적 속성. 시각화는 '보기'와 '이해' 사이에서 발생한다.

우리는 채 인지하지 못할 정도로 빠르게 시각화를 해내는 경우가 많은데, 이를 위해서는 제대로 된 관찰과 인지의 반복된 과정을 거쳐야만 합

---

* 전두엽은 일반적으로 기억력, 사고력 등의 고등 행동을 관장하는 곳으로 우리의 이마에 해당하는 부위다.

니다.2 지금 저 멀리서 여러분 쪽으로 공이 하나 날아온다고 상상해 봅시다. 공을 본 여러분은 자동적으로 몸을 움직여 피할 겁니다. 공이 어느 방향으로 날아올 것인지 빠르게 예측하고, 순간적으로 그 반대 방향으로 몸을 틀겠죠. 시상 하부*를 비롯한 전두엽에서 찰나에 가까운 속도로 계산을 하고 몸에 명령을 내린 덕분입니다. 즉, 뇌를 비롯한 우리 몸의 수많은 기관이 알아차리지 못할 만큼 순식간에 소통하고, 그 결과물로 공의 반대 방향으로 몸을 피하는 행위를 하게 됩니다.

이처럼 인간의 인식과 판단은 아주 빠른 순간에 일어납니다. 우리는 처음 걸음마를 배우는 유아기부터 이러한 훈련을 수천수만 번 가까이 반복했습니다. 시각 정보와 행동을 매칭하는 여러가지 훈련을 해 온 셈이죠. 물론 그 모든 순간을 기억하지는 못합니다. 다만 최초의 인지 과정에서 뇌에 부하를 느끼거나 무언가 어려움을 겪는 과정을 반복하여 거친 후에는 이러한 시각화가 포함되는 찰나의 과정을 거치지 않고 쉽게 자동화를 이뤄낼 수 있게 됩니다. 예를 들어, 무언가를 처음 생각해보는 것 혹은 상상해보는 것이 어렵게 느껴질 수 있습니다. 심지어 머리에서 열이 나는 것 같은 느낌을 받을 수도 있습니다. 하지만 같은 과정을 반복적으로 겪은 후에는 과부하를 느끼지 않고 쉽게 진행할 수 있습니다.

인간의 뇌는 반복적으로 일어나는 운동 혹은 현상 등에 대한 인지 상황들을 자동화해냅니다. 여기서 자동화란 '보기', '이해', '시각화', '수행'의 과

---

* 시상 하부는 뇌 밑 부분에 위치하여 우리 몸 속 기관을 관장하는 곳으로 대사 과정 및 체온 수분 균형 등 자율 신경계 활동에 중요한 역할을 한다.

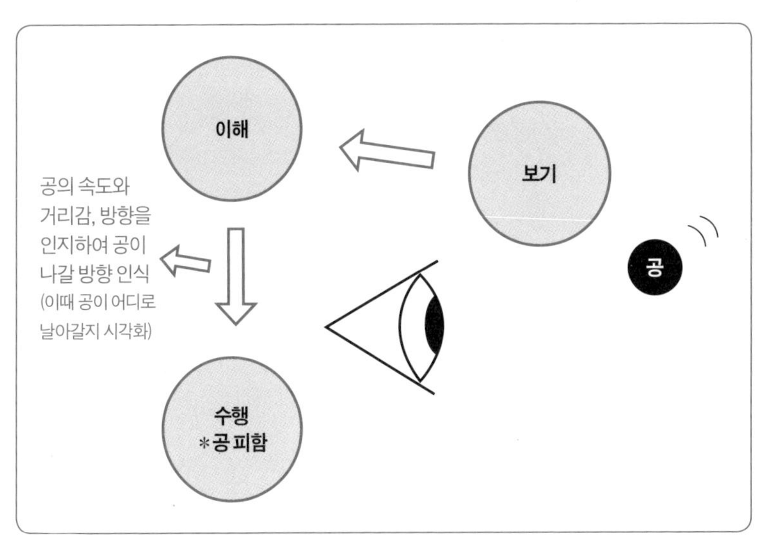

지각(知覺) 과정에서 빠르게 일어나는 시각화

정에서 '이해'와 '시각화'를 건너 뛰고 '보기'와 '수행'으로 인지를 축소시키는 것을 말합니다. 이는 다른 일들을 쉽게 수행하도록 뇌를 활용할 여유를 마련하기 위해서입니다. 바꿔 말해, 사람들이 보긴 봤으나 '제대로' 볼 수 없는 이유는 과부하를 줄이려 하는 뇌의 특성 때문입니다.

여기서 주목할 것은 대부분의 사람이 제대로 보는 법을 훈련하지 않는다는 사실입니다. 에이미 허먼Amy Herman의 《우아한 관찰주의자》에서는 시각적 관찰, 분석, 사고력 그리고 판단력이 대부분의 직업적 역량으로 요구된다고 설명합니다. 뉴욕 프릭 컬렉션*의 교육 담당자인 에이미 허

* 미국 뉴욕시 맨하탄에 위치한 미술관으로, 미술관 관람과 함께 유명 드로잉 프로그램을 체험할 수 있다. 이 또한 관찰력을 기를 수 있는 하나의 방편이다.

먼은 미술 작품을 분석하는 강좌인 '지각의 기술The Art of Perception'을 통해 관찰 능력을 배양하는 수업을 진행했습니다. 뉴욕의 여러 의과대학에서 의대생들에게 환자를 관찰하는 능력을 교육하여 큰 성과를 거두었는데 이 수업을 수강한 학생들이 다른 학생들보다 진단 능력면에서 56% 향상된 것으로 나타났기 때문입니다. 뿐만 아니라 FBI에서도 이 지각의 기술 강의를 수강한 뒤 관찰 능력을 배양한 결과 쓰레기 수거 시스템을 지배하는 마피아 조직의 유죄를 입증하는 증거를 수집할 수 있었다고 합니다. 그 결과 이 마피아 조직에 대한 유죄 판결이 34건 더 나왔고 6,000만 달러의 압수 재산 규모가 1억 달러로 늘었습니다.

이 강의는 의사와 FBI들의 관찰력을 위한 강좌에 그치지 않고 심지어 경찰을 비롯한 육군, 해군 등 미국 주요 국가 부처에서도 활용해 제대로 관찰하고 판단하는 능력을 가르치게 되었습니다. 《월스트리트저널WSJ》에 소개될 정도로 유명해졌고 그 효과가 뛰어나기로 정평이 났습니다. 이렇게 여러 분야에서의 큰 성과에도 불구하고 대부분 사람들은 제대로 관찰하고 문제를 인식하는 법을 배우지 못하고 있습니다.

제대로 보는 것이 어려운 새로운 세대

MZ세대를 비롯한 알파, 베타 세대들은 시각화를 해내기 어려운 환경에서 자라고 있습니다. 이들은 여러가지 소셜 미디어 속 사진과 동영상 혹은 웹툰 등을 보며 자랐는데, 이 시기에 대면적 감정 교류는 줄고 온라인을 통한 소통을 주로 했습니다. 또 삶의 많은 부분을 콘텐츠를 통해 경험하기도 했죠. 그 결과, 공감 능력이 떨어지고 다른 사람의 감정을 읽는 데 어려움을 느끼는 경우가 많습니다. 즉, 감정의 전염을 어려워하는 겁니다. 감정을 읽을 수는 있지만 상대가 가진 감정이 자신에게 전염되지는 않는 거죠. 관련 연구3를 통해 밝혀진 바에 따르면 소셜 미디어를 많이 사용하며 성장한 세대는 거울 뉴런*활동의 부재 혹은 부족을 겪고, 이로 인해 시각화 능력이 줄어들 수밖에 없습니다.

이전 세대가 책이나 라디오, 고작 3~4개 채널이 전부였던 TV를 통해 활자를 보거나 소리를 들으며 직접 시각화 해볼 수밖에 없는 상황에서 성장했다면, 지금 세대들은 성장 과정에서 이미 시각화 되어있는 정보들을 먼저 접했습니다. 이전 세대가 디지털 미디어를 통해 새로운 소식이나 정보를 얻기 보다는 지면 혹은 구두口頭로 정보를 접하면서 자연히 시각화 환경에 노출됐다면, 반대로 MZ세대는 인터넷 사용과 함께 여러 디지털 매체의 급속한 보급에 따라 수많은 정보를 시청각 자료로 접하게 되었습니다. 굳이 우리 머릿속 시냅스** 가 형성되지 않아도 매체를 통해 시각화 된 정보를 볼 수 있는 거죠. 그래서 집중력과 문해력이 떨어지고 난독 증세가 흔히 발생합니다. 이를 보완하고자 전문가들은 완전히 미디어를 끊어내고 책을 읽을 것을 제안합니다. 특히 어려운 고전 인문학 책을 읽는 것을 추천합니다. 하지만, 과연 이것이 정말로 실현 가능한 해결책일까요?

---

* 거울 뉴런은 인간만이 가진 감정 교류를 관장하는 중요한 뇌 부위다. 상대방이 활짝 웃으면 자기도 모르게 미소를 짓듯 거울과 같이 모방 모사가 가능하게 하는 뇌 활동을 주로 한다.

** 시냅스는 뉴런 (신경계의 단위로 자극과 흥분을 전달)간 혹은 뉴런과 다른 세포 사이를 잇는 접합 관계로써 시냅스 결합을 통해 신경 정보를 전달할 수 있게 된다. 최근 세대들은 거울 뉴런을 연결하는 시냅스가 형성되기 어려운 환경에서 성장했다.

부모로서 혹은 선배 교사로서 현재 성장기에 있는 청소년들에게 책을 많이 읽고 미디어를 멀리 해야 한다고 조언해 본 적이 있다면, 이것이 얼마나 실행하기 어려운지 잘 아실 겁니다. 매우 극소수에게만 적용 가능하다는 사실도 말입니다. 책을 읽기에는 재미있는 콘텐츠가 한 가득인 미디어를 보기에도 시간이 부족합니다. 무료할 틈이 없는 거죠. 이는 비단 청소년들에 국한된 이야기가 아닙니다. 성인 가운데에도 책을 더 읽고 디지털 미디어를 멀리 하겠다고 다짐했다가 포기하신 분들이 꽤 많으실 겁니다. 요즘같이 바쁜 현대 시대의 부모들이 자녀의 미디어 사용을 관찰하고, 올바른 습관을 기르도록 꾸준히 신경 쓴다는 것도 결코 쉽지 않습니다. 이미 스마트폰이나 TV를 통해 강력한 자극을 경험한 아이들이 미디어를 끊으려면 대단히 큰 노력이 필요합니다.

특히 나이가 어린 유아의 경우, 울고 떼를 쓰며 미디어 제한에 필사적으로 반기를 들 것입니다. 평소에 아무리 얌전한 아이라도 이때는 이성을 잃고 눈물을 흘리며 소리를 지르기 일쑤입니다. 성인들도 유튜브, 넷플릭스 등 다양한 스트리밍 플랫폼을 통해 수많은 콘텐츠를 소비하는데, 하물며 아이들의 시청을 금지한다는 것은 거의 불가능에 가깝습니다. 강력한 자극을 주는 콘텐츠에 지속적으로 노출 되다 못해 이제는 빈지 워칭binge watching, 즉 '폭식 시청'이라는 용어까지 나올 정도입니다.4

유아기를 지난 초등학생도 사정이 다르진 않습니다. 코로나19 이후 화상 통화 프로그램 줌ZOOM을 활용해 비대면 수업을 진행한 초등학생들에게 혼자 책을 읽으라고 시키면 잘 해낼 수 있을까요? 평상시에 독서 훈련이 잘 된 몇몇 어린이를 제외하면 결코 쉽지 않은 일입니다. 사실 미디어에 많이 노출된 아이들이 쉽게 책으로 돌아오는 것, 다시 말해 디지털 미디어를 완전히 끊어 내고 책만 보면서 시각화 능력을 키우는 것은 거의 불가능에 가깝습니다. 새로운 미디어를 무시하고 책이나 올드 미디어만으로 정보를 받아들이는 것 역시 정보 불균형 등의 이유로 사실상 불가능합니다. 그러다 보니 미디어와 책 두 가지를 잘 취합하거나 이 중에서 좋은 것들만 선택해 취하는 게 최고의 방책으로 떠올랐습니다.

이렇듯 디지털 미디어 콘텐츠가 넘쳐나는 상황 속에서 시각화 능력을 키우려면 우선적으로 제대로 보는 관찰력이 필요합니다. 이제 이러한 관찰력을 높이기 위한 방법에 대해 소개하고자 합니다.

다빈치와 셜록의 관찰력

"창조적인 사람들은 '어떤 일을 어떻게 했냐'라는 질문을 받으면 아마 조금 죄책감을 느낄 것이다. 사실 그들은 그 일을 한 것이 아니라 그저 보기만 했기 때문이다.

Creativity is just connecting things. When you ask creative people how they did something, they feel a little guilty because they didn't really do it, they just saw something."

- 스티브 잡스 Steve Jobs

눈을 통해 본 사물이 무엇인지 지각하기 위해서는 뇌가 시각 정보에 대한 정보 처리를 해줘야 합니다. 이 처리 과정은 매우 단순하기 때문에 사물을 본 즉시, 순식간에 일어납니다. 인지 심리학자들이 '뇌의 일부'라 칭할 만큼, 눈은 뇌의 지각을 위해 가장 빠르게 정보를 수집하는 기관으로제 역할과 기능을 합니다. 즉, 우리의 뇌는 본 것을 인지할 수 있도록 설계됐고, 이러한 관찰 능력은 훈련을 통해 향상시킬 수 있습니다.5

레오나르도 다빈치는 '창의적인 아이디어는 관찰에서 시작한다'는 사례를 잘 보여주는 대표적인 인물입니다. 다빈치는 융합적인 사고 방식으로 여러 분야에 통달해 천재적인 발명품과 여러 업적을 남겼습니다. 다빈치는 자신의 과학적, 예술적 업적을 두고 자신의 '사페르 베르데Saper Vedere, 보는 법을 아는 것' 덕분이라고 말했습니다.

다빈치의 뛰어난 관찰력은 그의 해부학 공부에서도 알 수 있습니다. 겉

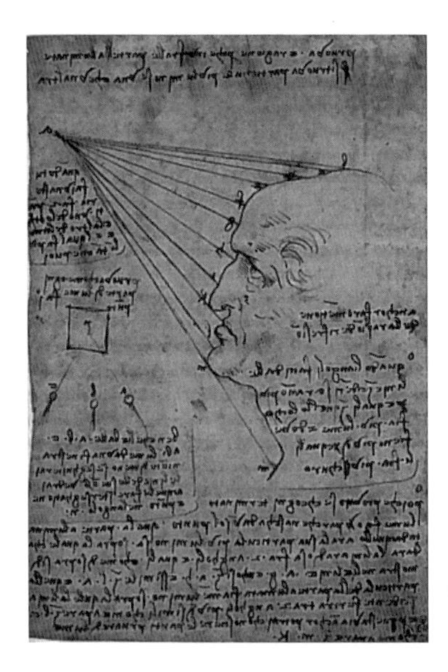

다빈치의 노트. 다빈치는 그의 작품 활동을 위해 인간의 머리 구조를 정확히 측정했다.

표면의 제스처나 움직임을 보는 것을 뛰어 넘어 1480년대 당시 인체와 동물의 신체를 해부해 그 움직임의 원리를 이해하면서 그림을 그렸습니다. 그는 관찰을 통해 사람마다 어느 정도의 움직임과 제스처가 다른 것을 발견했습니다. 또한 이것이 개인마다 골격과 근육의 크기가 다르기 때문이란 것을 깨닫고, 이를 제대로 알고자 해부학을 연구했습니다.

이후 다빈치의 해부학 탐구와 연구는 여러가지 기록을 통해 자궁 내 태아, 혈관계, 성기 및 기타 장기 기관 그리고 뼈와 근육 구조까지 확대되었다는 것을 알 수 있습니다. 그의 관찰은 물리학 및 항공, 동물학, 지질학, 식물학 등으로 뻗어 나갔으며 이를 바탕으로 그는 발명 업적까지 남긴 위대한 르네상스 화가이자 조각가, 건축가, 발명가, 무기 엔지니어 및 제도가로 거듭났습니다. 이 모든 것이 바로 그가 말한 사페르 베르데, 즉 보는 법을 아는 것에서 비롯되었습니다.

관찰은 분야를 막론하고 중요한 역할을 합니다. 제대로 된 관찰을 하기 위해서는 우선 단순히 보는 것과의 차이를 말아야 합니다. 보는 것은 무의식적인 행동으로 이미지가 전부 흡수되지 않고 일정 부분 스쳐 지나가는 반면, 관찰은 의식적으로 시각적 정보를 기록하는 행위입니다.

제대로 된 관찰 능력을 보여준 대표적인 인물로 셜록 홈즈를 꼽을 수 있습니다. 코난 도일의 《보헤미아 스캔들》에서 셜록은 자신과 왓슨*의 관찰 능력을 비교한 적이 있습니다. 왓슨은 일반인에 가까운 '보는 능력'

* 셜록의 친구이자 동료로 나오는 등장인물. 의사의 시점으로 천재적인 셜록의 일반적이지 않은 행동을 객관적으로 묘사하는 역할로 등장한다.

©ScienceTimes

코난 도일이 의과대학생으로 교육받던 시절, 에든버러의 왕립 병원에서 외과 의사로 일하던 죠셉 벨(Joseph Bell) 교수

을 가졌다면 셜록은 뛰어난 관찰력으로 작은 단서를 통해 많은 내용을 유추해 낼 수 있는 능력을 소유했습니다. 저자 코난 도일은 왓슨을 통해 일반적으로 많은 이들이 제대로 보지 못했다는 것을 보여주었고, 반대로 셜록은 뛰어난 관찰력으로 일반인들과는 달리 사물 이면의 것을 꿰뚫어 볼 수 있다는 것을 비교하여 보여줍니다.

사실 셜록 홈즈의 모티브가 된 실제 캐릭터 조셉 벨 교수는 코난 도일의 스승이었습니다. 벨은 의학 박사로 영국 왕립 병원의 의사이자 에든버러 대학의 교수였습니다. 과학적인 관찰 기법을 통해 환자의 상태를 유추하는 능력이 탁월했던 그는 단 몇 분 만에 환자의 행동 습관은 물론, 직업까지 추리할 수 있었습니다. 코난 도일은 이 능력을 모티브로 셜록 홈즈라는 캐릭터로 창조한 것입니다.

한번은 벨 교수가 어느 환자를 보자마자 이렇게 말했습니다. "전직 장

교시군요. 최근에 해고당하셨죠? 스코틀랜드 고지의 육군 하사관 출신이시네요." 언뜻 보면 대충 어림짐작으로 던져 본 말 같으나, 실상은 아주 세밀한 관찰 능력을 바탕으로 논리적 사고로 펼친 추론이었습니다. 그는 다음과 같이 그 과정을 설명했습니다. "모자를 벗지 않은 채 예를 갖추더군요. 군대식이죠. 오래 전에 제대했다면 민간 사회의 방식을 익히셨을 텐데, 제대한 지 얼마 안 됐기 때문에 아직 몸에 익지 않은 거예요. 그리고 그분이 지닌 권위적인 분위기가 스코틀랜드 군인이란 사실을 여실히 드러냈고요. 마지막으로 바베이도스*에 관한 것은, 상피병**을 치료하려고 병원을 찾으셨기 때문이에요. 영국에선 상피병에 걸리지 않아요. 서인도 제도의 풍토병이거든요. 현재 스코틀랜드 육군이 바로 그곳에 주둔하고 있지요."

이렇듯 제대로 된 보기, 즉 관찰을 통해 군인이었다는 그의 배경과 스코틀랜드라는 근무지까지 맞출 수 있었던 겁니다. 단 몇 분만에 한 사람이 살아온 과거를 꿰뚫어 보는 능력은 바로 관찰을 기반으로 하고 있습니다. 이러한 관찰력은 셜록 홈즈의 남다른 추리력의 모태가 되었습니다.

관찰력은 여러 분야에서 필요로 하는 기본적인 필수 능력입니다. 객관적 관찰력이 있다면 어떠한 기술도 남들보다 빠르게 배우게 됩니다. 설령 그게 장인의 기술이라 할지라도 다른 이들보다 특별한 기술의 원리를 잘

* 카리브해섬의 인구 29만 명 정도인 작은 섬나라로 과거 영국의 식민지로 영국 연방 소속이었다. 바하마, 자메이카, 미국 플로리다와 인접해있으며 럼과 자몽 그리고 노예 무역으로 유명하다.

** 열대 지방 등지에서 풍토병으로 존재한다. 사상충이나 세균의 감염으로 인해 피부가 부풀어 오르고 딱딱해져 코끼리 피부처럼 두꺼워지는 병이다.

이해하고 모방할 수 있습니다. 관찰력은 전문적인 직업인에게도 매우 중요한 능력이며, 때로는 개인적인 차원을 넘어 사회적으로도 중요합니다. 예를 들어 많은 사람의 안전을 지키는 공항 보안 요원들에게 테러리스트 같은 위험 인물의 행동을 구분하고, 사고가 발생하기 전에 색출하는 능력은 매우 중요합니다.

우리가 색안경을 끼는 이유

관찰은 객관적 관찰과 맹시Blindness 그리고 방법론적으로 숲을 보는 거시적 관점의 관찰법과 세부적인 것을 관찰하는 미시적 관점의 관찰법으로 분류할 수 있습니다. 먼저, 객관적 관찰은 육하원칙 중 '누가', '무엇을', '언제', '어디서'라는 네 가지 요소를 바탕으로 세세히 관찰하는 것을 의미합니다. 특정 상황을 이렇게 객관적으로 관찰한다면, 보는 것 자체만으로 우리의 인지 능력을 발달시켜 관찰력 발달에 기여하게 됩니다.

객관적 관찰과 반대되는 주관적 관찰은 우리가 보고 싶은 것만 보게 되는 결과를 낳습니다. 가장 흔한 주관적 관찰은 인지적으로 편향된 사실만 추출해서 지각하는 것입니다. 이는 인지적 편향, 확증 편향, 터널 비전 Tunnel Vision 등으로 불립니다. 이와 비슷한 사례로 행동 심리학에서 밝혀진 빈도 착각 이론이 있습니다. 만약 여러분이 차를 사기 위해 어떤 새로운 차종을 검색했다고 합시다. 그 이후에는 그 차종만 유독 눈에 잘 띄는 경험을 하게 될 것입니다. 기존에는 잘 보이지 않던 정보가 나와 한번 연관되면 더 자주 보인다는 착각 말입니다.

자신이 원하는 것만 보고 듣는 현상은 소셜 미디어를 통해 더 강화되고 있습니다. 최근 이 문제를 잘 다룬 작품으로 넷플릭스 오리지널인 〈돈 룩 업Don't look up〉이라는 영화를 들 수 있습니다. 지구에 행성이 떨어져 곧 세상이 멸망하는 사실이 버젓이 있음에도, 저마다의 여러가지 이유로 믿는 사람과 믿지 않는 사람으로 나뉘게 됩니다. 정치적 성향으로 나뉘는 두 부류 중 대통령을 필두로 한 부류는 더 이상 객관적인 사실이 없는데도 불구하고, 다른 결말을 믿어 떨어지는 행성을 제거할 가장 확실한 방법을 포기하고 맙니다. 그리고 그 행성의 물질로 비지니스를 하기 위해 지구를 구할 수 있는 확실한 방법을 저버리죠. 또한 자신들의 인생도 허비하고 맙니다. 자신이 믿고 싶은 대로 말입니다.

이를 소망 충족이라는 확증 편향의 한 종류로 해석하면 이해가 쉽습니다. 우리의 욕구로 인해 사실을 더 크게 보거나 더 가깝게 본다는 사실은 소망 충족 연구를 통해 증명되었습니다. 이 연구에서 다이어트 중인 사람들은 그렇지 않은 사람들보다 머핀의 크기를 훨씬 크게 추측했습니다. 다이어트로 굶주린 사람들은 금욕적 태도 때문에 머핀이 더 크고 더 맛있어 보인 것입니다. 또한 이러한 확증 편향을 실험하기 위해 목마름에 따라 물병과 피실험자의 거리를 얼마나 다르게 인식하는지 연구하였습니다. 뉴욕의 맨하탄에서 물병을 보여주고 얼마나 가까이 인식하는지 물었습니다. 이때 목마른 사람들은 더 가까이 있다고 인지했고 목이 마르지 않은 사람은 좀더 객관적으로 대답하는 경향을 보였습니다[6]. 이렇듯 확증 편향이 더해지는 세상이기에 제대로 관찰하는 능력은 갈수록 더 중요해지고 있습니다.

이러한 주관적 판단의 개입을 막기 위해 필요한 것이 객관적 관찰입니다. 객관적 관찰 없이 외부를 인지할 때, 무의식적인 맹시가 생겨날 수 있습니다. 맹시를 실험하기 위해 1999년 하버드 대학에서는 29년 전인 1970년의 한 실험을 재현했습니다. 먼저 농구공을 패스하면서 지나가는 학생들을 담은 비디오를 실험 참가자들에게 보여주고 농구공을 몇 번 패스했는지 세어보라고 합니다. 이때 대부분의 참가자들은 비디오 속의 우산 든 여자를 전혀 인지하지 못했습니다. 이는 농구공을 패스한 횟수를 세느라 집중한 나머지 우산을 들고 나타났던 여자에 대해 전혀 인지하지 못한 것이었습니다. 이후 컬럼비아 대학에서도 같은 실험을 재현했는데, 고릴라 복장을 한 여자가 이전 실험의 우산 든 여자보다 더 길게 출연하고 심지어 카메라를 응시하며 가슴을 두드리는 행동까지 했음에도 사람들은 고릴라의 존재를 인지하지 못했습니다. 이 실험들을 통해 어딘가에 주의를 선택적으로 기울일 때, 거대한 것조차 보지 못하게 될 수 있다는 사실이 입증됐습니다.

실험이 아닌 일상 속 상황에서도 주의를 기울이지 않으면 자신만의 색안경을 쓰고 세상을 바라볼 수 있습니다. 뇌는 적응하기 위해 항상 노력합니다. 적응되지 않은 상황에서는 뇌가 항상 풀 가동을 해야 하고 필요한 에너지도 많기 때문입니다. 빨리 적응해 에너지 소모를 최소화하기 원합니다. 그렇게 우리의 뇌는 효율성을 추구하기 위해 무의식이라는 루트를 만들어냅니다. 크게 생각하지 않고 정리를 해버리는 것이죠. 자신이 중요하지 않다고 생각했던 정보는 제대로 보지 않는 방식인 것입니다. 그러니 이 색안경을 보안해야 합니다. 먼저 자신이 있는 그대로 객관적인 관찰을 하는지 아니면 자신의 경험을 토대로 자신이 보고자 하는 것만 보는 주관적 관찰을 하는지 돌아보아야 합니다.

이렇듯 보았으나 다 보지 못하거나 자신이 원하는 것만 집중해서 보는 현상을 예방하기 위해 객관적으로 관찰하는 연습이 필요합니다. 이를 훈련하기 위해 우리 주변에서부터 시작해도 좋습니다. 하지만 우리의 뇌는 이미 우리 주변에 대한 정보에 매우 익숙하여 이미 보고 싶은 것만 보도록 훈련되어* 객관적 관찰을 연습하기가 쉽지 않습니다. 이를 위해 여행을 떠나 새로운 장소와 문화에 자신을 노출시키고 객관적으로 관찰을 연습한다면 가장 좋겠습니다만, 현실적으로 여행을 자주 떠나는 것이 쉬운 일도 아니고 혼자 여행을 떠나 관찰력 연습을 할 수 있는 여건을 가진 사람이 많지는 않을 것입니다. 그래서 제시하는 것이 메타버스를 통해 관찰을 훈련하는 방법입니다.

메타버스 속에서 관찰하기

메타버스는 현실과는 다른 디지털 세상입니다. 현실 세계와 유사한 형태를 띄지만 메타버스의 포맷**부터 미디움***까지 현실과는 다를 수 있습니다. 특히, 성인의 경우 익숙하지 않은 미디움이라 확증 편향을 가지기

---

* 과부하를 줄이려는 뇌의 특성 때문에 익숙한 장소에서 더 쉽게 주관적 관찰이 일어날 수 있다
** 포맷format은 배치 방식으로 구성 방식 혹은 구조를 의미한다.
*** 미디움medium은 매체의 방식으로 메타버스의 경우 3차원의 디지털 공간에 현실 세계를 반영하며 존재하는 것이 특징이다.

힘들 것입니다.* 무의식적인 맹시가 존재할 수는 있으나 물리적인 세상에서 보는 것을 똑같이 활용하기 어려운 환경이죠. 반면 어린 나이의 메타버스 사용자는 현실에서의 경험 자체가 적기 때문에 메타버스 속 이미지, 즉 애니메이션처럼 보여지는 세상이 훨씬 더 흥미롭게 느껴질 수 있습니다.**

객관적 관찰력을 키우기 위해 메타버스를 활용하여 자신이 경험한 메타버스 속 공간을 기억해보려고 노력하는 훈련을 시작할 수 있습니다. 이러한 의식적 노력은 많이 관찰하면 할수록 쉬워지고 자연스러워질 것입니다. 의식의 감각을 끌어내려면 자신이 메타버스 속에서 경험하고 가지고 놀았던 장면을 하나하나 떠올리면서 머릿속에 띄워 보는 훈련을 하면 좋습니다. 그러면 바로 눈앞에 보이는 것이나 늘 보던 것 이상을 볼 수 있는 눈을 가질 수 있습니다. 그리고 이때, 앞서 말한 네 가지 원칙인 '누가', '언제', '무엇을', '어떻게'라는 질문에 답을 하듯 떠올리면 좋습니다.

이때, 두 가지를 기억해 보세요. 세부적인 관점과 숲을 보는 거시적 관점의 관찰입니다. 세부적인 관점은 철저하고 사려 깊은 태도로 관찰하는 것을 의미합니다. 가끔가다 정말 잘 만든 물건들을 접할 때가 있습니다. 고가의 만년필처럼 수제로 된 물건 중에 쓰면 쓸수록 그 기능에 놀라는 제품들이 있는데, 이것들은 보통 장인들이 사용자의 디테일을 염두에 두

---

* 확증 편향은 뇌의 부하를 줄이기 위한 간소화 작업이다. 그러다 보니 새롭거나 익숙하지 않은 장소에서는 확증 편향을 쓸 수 없다. 뇌의 많은 부분이 동시에 작동하면서 쉽게 피로하고 어지러운 느낌까지 받을 수 있다. 그러한 반응이 뇌부하이다.

** 모든 정보를 다 받아들이려고 하다 보면 과부하가 올 수도 있다. 너무 자극적인 인풋이 계속해서 쏟아지기 때문이다. 어린이의 경우, 사용 시간에 제한을 두고 관찰을 연습하는 것이 필요하다.

고 만든 명품들입니다. 브랜드 마케팅이 잘된 명품이 아니라, 쓰면 쓸수록 그 값어치를 하는 것들 말입니다. 이러한 물건들은 작은 버튼 하나 허투루 만들지 않고 면밀히 관찰한 뒤 적재적소에 절묘한 크기로 만들어 둡니다. 관찰력을 통해 이러한 역량을 기르면 유사 제품, 서비스와의 경쟁에서도 쉽게 우위를 취할 수 있습니다. 반대로 관찰에서 세세하고 면밀한 부분을 놓치면 그 부분이 연결해 줄지 모를 다른 중요한 부분을 놓치기 쉽습니다.

한편 숲을 보는 거시적 관점은 주관적 관찰에 해당하는 무의식적인 맹시 혹은 확증 편향 등으로 인해 숲을 보지 못하고 현혹될 수 있는 부분입니다. 이를 해결하는 방법은 다른 관점에서 바라 보는 겁니다. 내가 보고 있는 것이 제한적이고 잘못된 것일 수도 있다는 생각을 수시로 해야 합니다. 다른 말로 다른 방향에서 보기 위해 활동을 잠시 멈추고, 한 발 뒤로 물러나 숲을 보아야 합니다. 큰 그림, 나무가 아닌 숲 전체를 보는 것은 매우 중요합니다. 물리적인 공간에서는 이렇게 하기가 어렵습니다. 하지만 메타버스 속에서는 이렇게 관점을 넓혀 볼 수 있는 기능이 존재합니다. 하늘에서 볼 수 있는 건 기본이고, 여러가지 창의적인 방식으로 같은 상황을 다르게 바라볼 수 있습니다. 메타버스는 2차원이 아닌 3차원의 세계 속에 존재하기 때문입니다.

메타버스 플랫폼을 사용해 새로운 환경에 노출되었다면 그 장면을 시각화 하는 훈련을 해보길 추천합니다. 잠자리에 누워 1분이라도 한 장면을 아주 세세히 떠올리는 연습을 해봅시다. 매일 연습하면 결국 장면을 완벽하게 떠올리는 것이 가능해 질것입니다. 좋은 예는 '퀸스 갬빗' 체스

판을 시각화 하고 이를 재현하며 연습하던 장면입니다. 1950년대 미국의 한 보육원에서 고아로 성장하던 소녀, 베스가 천재 체스 여제로 성장하는 과정을 담은 작품으로 1983년 소설 《The Queen's Gambit》을 원작으로 하고 있습니다. 베스는 우연히 보육원의 관리인에게 체스를 배우기 시작하게 되고 곧 푹 빠지게 됩니다. 베스는 밤마다 천장에 상상 속 체스 판을 띄워 놓고 가상의 게임을 하거나 낮에 연습한 내용을 시뮬레이션해보는 연습을 합니다. 특히 이 연습을 하기 위해 약을 복용하게 되는데 이는 본 내용을 머릿속에 재연하는 것이 높은 집중력과 에너지가 필요하다는 의미를 내포하고 있습니다. 그만큼 쉬운 두뇌 활동은 아닙니다.

공간감 + 관찰 = 입체적 관찰

메타버스의 가장 큰 특징은 공간 감각을 경험할 수 있다는 것입니다. 바꿔 말해 다른 세상 속으로 이동한 듯한 느낌, 즉 현존감을 강하게 느끼며 몰입할 수 있습니다. 가장 초기 단계의 자료 수집에서 탁월함을 보일 수 있는 것은 관찰의 공간감으로, 이는 입체감이라고 말하기도 합니다. 'Perspective'라는 단어는 꿰뚫어 보다는 의미의 라틴어 'perspicere'로부터 유래해 무언가를 고려하고 평가하는 관점, 시각이라는 뜻을 지닙니다. 미술 영역에서는 원근법이란 의미로 해석되며 입체적인 시각 정보에 사용되기도 합니다.

일반적인 관찰의 경우 2차원의 정보, 즉 점과 선으로 이루어진 차원으로 인식됩니다. 이러한 차원에서는 원인과 결과, 즉 인과 관계를 통해 문제에 접근하게 되어있는데 원인을 두 세가지로 축약하고 이것이 맞는지 계속 관찰하면서 진짜 원인을 추려내는 과정을 통해 문제를 해결합니다.

하지만 실질적으로 우리가 살아가는 사회의 문제는 두 세가지 원인으로 축약하기에 너무 복잡합니다. 레벨의 차이가 존재하기 때문입니다. 다시 말해, 우리가 살아가는 세상은 3차원으로 구성되어 있습니다. 예를 들어 인간과 인간 사이에 문제가 일어난다면 어떤 한 사람의 행동이나 특성 그 차제가 원인이 되어 특정한 문제가 발생할 수 있습니다. 그런데 그런 행동을 하는 데는 여러 가지 성장 과정이나 환경상의 어려움이 영향을 끼치고, 시대적 배경이 개입될 수도 있습니다. 이렇게 개인의 문제임에도 실상 그러한 문제를 일으킨 원인을 딱 하나로 축약하기란 어렵습니다. 그러다 보니 현실에서 문제를 해결하고자 서너 가지 방안으로 실제 실행까지 이어질 수 있는 건 개인적인 문제들뿐입니다. 왜냐면 사회적 문제는 변화를 일으키는 데 오랜 시간과 노력이 들기 때문입니다. 현실에서는 한 가지 측면에서 해법을 찾으려 하면 그 문제를 해결할 수 없습니다. 이러한 경우를 '문제가 입체적으로 얽혀 원인과 결과가 복잡하게 연결돼 있다'고 표현하기도 합니다.

예를 들어, 사업화 과정에서는 제품의 공정, 제품, 마케팅, 비지니스 등 모든 측면을 고려해야 합니다. 이를 위해 토요타TOYOTA는 "현지현물", 즉 현장에 직접 가서 봐야한다고 말하며 현장 답사를 관행으로 만들었습니다. 상황을 제대로 이해하기 위해 관리자가 공정부터 세부 정보까지, 모든 과정에서의 숲과 나무를 바라보도록 한 겁니다. 사무실에서 보고서만 읽고 있는 게 아닌, 현장 답사를 통해 공정, 판매 대리점, 사용자까지 모든 것을 동시에 봐라 봐야만 문제를 제대로 인식할 수 있다고 판단했기 때문입니다. 아주 사소한 문제를 바로잡아 비용을 획기적으로 줄이거나 여러 가지 종합적인 문제를 해결함으로써 선진 기업으로 발돋움한 예시는 한두 가지 아닙니다. 메타버스를 통해 입체적인 관찰이 이루어진다면, 이들은 현지현물을 넘어선 새로운 관점으로 문제를 바라보는 탁월함을 갖추게 됩니다. 그리고 이때 창의적인 해결 방법도 함께 나타납니다. 이것이 공간감각을 가미한 관찰 혹은 입체적 관찰이 필요한 이유이자 공간각적 시각화가 매우 중요한 능력인 이유입니다.

공간각적 시각화 또는 입체적 시각화의 장점은 문제 상황을 제대로 구현하고 또 이를 다양한 각도로 자유롭게 측정해 관찰할 수 있다는 겁니다. 또한 이를 해체하고 필요에 맞게 재구성하는 과정에서 문제를 혁신적으로 해결할 수도 있습니다. 거장들의 공통 특성을 연구한 로버트 그린Robert Greene은 《마스터리의 법칙》에서 "과거에 무슨 일을 했든 시간 낭비로 여기지 말라. 아무리 하찮은 일이라도 배움의 기회로 쓴다면 나중에 결합해서 활용할 수 있다."고 말합니다. 우리가 실제로 경험한 일이야 말로 시각화하기 가장 쉬우므로 더 많은 경험을 한 사람일수록 시각화에 유리하다는 겁니다. 특히 이렇게 시각화 한 경험은 매우 입체적일 수밖에 없고, 면밀한 관찰을 가능하게 합니다. 또한, 관찰과 자료 수집 측면에서 경험을 토대로 다른 정보들을 쌓아 올린다면 이 자료들은 해체가 가능하고 필요에 맞게 재구성할 수 있는 엄청난 힘이 됩니다.

공간감각적 시각화를 위한 뇌의 특성

뇌는 인간의 장기臟器 가운데 유일하게 늙지 않는 기관으로 밝혀졌습니다. 물론, 알츠하이머의 경우 단백질이 쌓여 결국에는 뇌의 기능을 퇴화시킵니다. 파킨슨병 같은 질환들 또한 뇌의 기능을 퇴보하게 합니다. 하지만 이러한 경우를 제외하면 우리의 뇌는 노화 없이 계속 발전이 가능합니다. 뉴런과 시냅스가 유동적 상태를 계속해서 유지하기 때문입니다. 뉴런과 시냅스가 연결, 강화하는 활동을 지속하면서 우리의 행동이 달라지고 능력이 달라지는데, 이를 뇌 가소성이라고 합니다. 즉, 중요한 변화를 겪으면서 뇌 속 신경망이 급속하게 변화하거나 재구성되는 것을 뜻합니다.

인지학자 앤더스 샌드버그Anders Sandberg와 물리학 박사 레오나르도 믈로디노프Leonardo Mlodino는 유연한 사고가 뇌에 얼마나 중요한지 언급했습니다. 계속해서 사용되는 신경망은 강화되고 안 쓰는 신경망은 약화되기 때문입니다. 이는 바꿔 말하면 평생에 걸쳐 우리의 신경망 패턴이 계속 변화하고, 이 때문에 우리도 고정된 존재가 아니라는 의미가 됩니다. 즉, 기존 세대만큼 시각화 해보는 경험을 많이 해보지 못했더라도 면밀한 관찰을 통해 꾸준히 시각화를 경험한다면, 특히 입체적으로 시각화 해보는 훈련을 지속한다면 맹시에 빠지지 않고 유연한 사고 방식으로 어떠한 문제든 다른 관점에서 바라볼 수 있게 됩니다. 문제를 새로운 관점에서 바라보게 되면 해결법 또한 창의적일 수밖에 없습니다. 입체적 관찰 및 입체적인 시각화 능력은 급속하게 변화하는 세계에서 살아갈 기초 필수 능력입니다.

이제 우리는 메타버스를 통해 우리의 존재가 한 단계 업그레이드되는 방법을 살펴볼 것입니다. 시각 공간 학습자가 되는 것입니다.* 이는 뇌 가소성을 전제로, 메타버스 플랫폼 안에서 가능합니다. 먼저, 본인이 시각 공간 학습자인지 알아볼 수 있는 설문을 준비했습니다.7 자신의 학습 스타일에 대해 자세히 알아보려면 다음 아래 질문에 '예', '아니오'로 답해 보세요.

질문	예	아니오
단어 대신 그림으로 생각하시나요?		
특정 대상을 '어떻게' 혹은 '왜' 없이 설명할 수 있나요?		
특이한 방법으로 문제를 해결하는 편인가요?		
생생한 상상력을 가지고 있나요?		
본 것은 기억하고, 들은 것은 잘 잊어버리나요?		
철자(spelling)을 잘 못쓰나요?		
다른 관점에서 사물을 시각화할 수 있나요?		
조직에 소속되는 일에서 어려움이나 문제를 겪나요?		
종종 시간이 가는 줄 모르나요?		
길을 찾을 때 지도를 읽는 것이 말로 설명을 듣는 것보다 낫나요?		
한 번 밖에 안 가봤던 곳에 어떻게 가는지 기억하나요?		
글씨 쓰는 속도가 느리고, 다른 사람들이 당신의 글씨를 읽기 어려워하나요?		
다른 사람들이 느끼는 것을 느낄 수 있나요?		
다른 사람들이 생각하는 것보다 더 많이 알고 있나요?		
여러분은 그룹 앞에서 말하는 것을 싫어하나요?		
나이가 들면서 더 똑똑해졌다고 느꼈나요?		
당신은 컴퓨터에 중독되었나요?		
합계(예)		

* 시각 공간 학습자는 단계적 학습보다는 전체론적으로 학습하는 학생을 일컫는다. 이때 학습 과정에서 시각 이미지가 매우 중요한데 개인이 주로 단어보다는 그림으로 정보를 처리하기 때문에 정보들이 서로 연결되기가 쉽다. 또한 전체론적으로 학습하기 때문에 한번 이해한 내용은 절대 잊지 않고 그 원리까지 습득하는 형태를 띈다. 하지만 디테일한 정보에 대한 암기력은 이해도에 비해 현저히 떨어질 수 있고 순서대로 일하거나 반복적으로 일하는 것을 견디지 못한다.

위 질문 중 10개 이상에 예로 대답했다면 시각 공간 학습자일 가능성이 매우 높다는 것을 나타냅니다. 결과에 실망하셨나요? 사실, 시각 공간 학습자는 전체 인구의 1%도 되지 않는 소수입니다. 그들의 남다른 능력은 태생적으로 타고나는 것이기 때문에 더욱 그렇습니다. 하지만 메타버스를 통해 여러가지 상황에 노출되고 조금의 노력을 기울여 시뮬레이션 하는 능력을 훈련한다면 시각 공간 학습자와 같은 능력을 겸비할 수 있습니다.

메타버스에서는 시각화, 특히 공간 시각화가 가능합니다. 마인크래프트 같은 플랫폼에서는 공간감이 가미되어 있어 가상 현실 구현이 자유롭습니다. 마인크래프트에는 어떠한 설명서도 없기 때문에 사용자가 창의적인 방식으로 가상 현실을 구현해 나가고 있습니다. 그저 다른 사용자들의 데모*만 있을 뿐입니다. 그것을 보고 똑같이 따라 하는 게 아니라, 직접 시도하면서 자신만의 것을 만드는 법을 배우는 것입니다. 그만큼 자유도가 높습니다. 제페토, 마인크래프트, 로블록스처럼 지금 메타버스 플랫폼으로 떠오르고 있는 매체들의 특징은 한계가 없다는 것입니다. 또, 이 메타버스 플랫폼 중 어떠한 것도 순서를 두고 따라 해야 하는 방식이 아닙니다. 자신들이 하고 싶은 것들을 그 안에서 다 해볼 수 있습니다. 쏟아지는 미디어 속에서 자란 세대들의 문제, 즉 시각화 능력이 떨어지고 공간감 능력이 떨어지는 것은 메타버스 속 환경에서 잘 다듬는다면 위기가

---

* 마인크래프트에서 집을 짓거나 게임을 하는 방법은 설명서로 존재하지 않는다. 다른 유저들이 어떤 식으로 만들었는지를 설명 (데모: demonstration의 줄임말) 하는 콘텐츠가 비디오 스트리밍 (YouTube 혹은 Roblox등) 혹은 오픈 게시판 같은 플랫폼에 게시될 뿐이다.

아니라 더 큰 기회가 될 수 있습니다.

리 박사와 그의 연구진은 3차원의 홀로그래피*로 학습 도구를 개발해 나이가 많은 노인을 대상으로 이 능력이 개발 가능한 것인지 측정하는 실험을 진행했습니다. 이때 사용한 방법은 멘탈 로테이션 테스트mental rotation test, 즉 머릿속에서 물체를 회전시켜보는 것입니다. 2차원의 홀로그래피와 3차원의 홀로그래피 조건을 비교했습니다. 그 결과 3차원 컨디션을 경험한 노인들은 2D로 경험한 실험군과 달리 반응 속도가 빨라졌습니다. 머리로 더 빠르게 물체를 회전시킬 수 있었던 겁니다. 이는 앞서 설명한 뇌 가소성의 가능성을 보여준 것으로 해석할 수 있습니다.14 아무리 나이가 들어도 우리의 뇌가 시뮬레이션 할 수 있도록 공간 감각이 강화된 경험을 하면 시뮬레이션도 더 쉽게 실현 가능하다는 것을 알 수 있습니다.

유전적으로 타고나는 것으로 알려진 시각 공간 학습자들은 학교에서는 대부분 적응하지 못하는 특성을 보입니다. 하지만 오히려 특별한 능력을 지녔기 때문에 다재 다능한 능력자가 되거나 아무도 도전하지 않은 분야에서 개척자가 됩니다. 새로운 사업을 일으킨 사업가처럼 말입니다. 이들은 남들이 보는 것과 다른 것들을 봅니다. 이전의 사례에서만 답을 찾고 따라가기 보다는 남들이 보지 못하는 것을 찾았고, 그 길을 끝까지 걸어갔습니다. 한 번도 들어보지 못한 문제들을 해결해 나갔습니다. 우리나라에도 이런 기업가나 사업가들이 많습니다. 우리나라처럼 학연, 지연 등

---

* 3차원적 영상 정보로 레이저 빔을 이용하여 공기 중에 3차원의 영상을 재생해 내는 기록 및 재생법이다.

여러 가지 제약이 많은 나라에서 어떻게 이런 새로운 비전을 가진 인물이 나올 수 있었을까요? 그 이유는 우리나라가 무에서 유를 창조하면서 성장해왔기 때문일 것입니다. 흔히 말하는 한강의 기적 말입니다.

그런데 요즘 수많은 젊은이들은 왜 공무원이 되기를 원하는 것일까요? 공무원 준비생은 2011년 기준 18만 5,000명에서 2016년에는 40% 증가한 25만 7,000명을 기록하였습니다. 5년이 지난 현재 2021년 기준 86만 명이 넘는 숫자가 공무원을 준비하고 있습니다.[9] 통계상 취업 준비생 중 30%가 공무원을 준비하는 수준입니다. 이러한 가파른 상승세는 IMF와 각종 3차 산업의 축소로 안정성을 추구하려는 경향이 강세를 보이기 때문으로 해석됩니다. 심지어 공기업과 같은 안정성을 자랑했던 철강 산업과 조선업까지도 한파가 찾아왔었던 것을 떠올리면 말이죠. 2016년 여러 조선회사들이 중국의 저렴한 가격 공세에 희망 퇴직자들을 모집했고,[10] 이마저 견디지 못한 곳들은 하나씩 문을 닫았습니다. 이 사태 이후로 공무원, 교사 등으로 수요가 몰리는 병목 현상이 지속됐습니다. 이처럼 빠르게 변화하는 능력 없이는 살아남을 수 없는 환경으로 우리 사회가 변모하면서 공무원, 공기업 등 안정성에 목을 매는 현상이 발생한 것으로 추측됩니다(다만, 낮은 임금, 상명하복식 조직 문화 등으로 인해 2022년 9급 공무원 경쟁률은 30년 만에 최저 수준을 보였습니다).

메타버스가 주는 안정감

그렇다면 우리는 왜 안정성을 원하는 걸까요? 어느 정도 기반을 갖추고 그 위에서 실패해도 되는 일들을 마음껏 하고 싶기 때문일 겁니다. 자신만의 길을 가기 위해서 말이죠. 와비 파커warby parker의 창업 스토리는 독창성을 발휘한 사람들의 비결을 다룬 애덤 그랜트Adam Grant 와튼 스쿨 심리학 교수의 책 《오리지널스》에서 소개되었습니다. 와비 파커는 안경값이 너무 비싸다는 미국 시장의 틈새를 노려 탄생했습니다. 언제, 어디서나 가상 착용Virtual try-on해 볼 수 있는 스마트폰 앱을 통해 내 얼굴에 맞는 안경을 써보고, 그 결과를 바탕으로 최대 5개의 안경을 집으로 배송받아 착용해 볼 수 있습니다. 이렇게 받아 본 5개의 안경 가운데 마음에 드는 안경테를 선택하면 됩니다. 물론 이 모든 과정은 무료입니다. 선택한 안경은 렌즈를 맞추기 위해 보내고, 나머지는 반납합니다. 원한다면 몇 가지를 더 선택할 수도 있습니다. 심지어 30일간 무료 환불, 교환도 가능합니다. 이 서비스는 코로나 팬데믹으로 인해 더 큰 인기를 누렸습니다. 안경계의 넷플릭스라는 말이 돌 정도로 혁신적인 사업이었죠.

하지만, 2010년 동창생 네 명이 와튼 스쿨 비즈니스 전공 과정 중 애덤 그랜트의 수업 과제에서 탄생시킨 이 아이디어는 창업가 본인들 눈에도 너무 많은 리스크를 가지고 있었습니다. 그래서, 그들은 인턴 및 취업 등 구직 활동을 병행하면서 사이드 프로젝트 성격으로 와비 파커를 준비해 나갔습니다. 그들의 파격적인 아이디어는 이러한 안정적인 구조에서 나왔을지도 모릅니다. '실패해도 된다, 망쳐도 된다'라는 심정으로 말입니다. 지도 교수였던 애덤 그랜트는 본인이 지도한 프로젝트임에도 망할 것이라 생각했다고 합니다. 그래서 2009년 제자들의 창업 자문 겸 투자 제안 요청을 거절했습니다. 흥미롭게도 와비 파커의 성공 이후 애덤 그랜트는 그것이 "최악의 결정"이었음을 시인했습니다.

마이크로 소프트를 창업한 빌 게이츠의 경우 자신의 아이디어에 확신이 있었기에 학교를 중퇴하고 모든 시간을 투자했습니다. 이전까지는 전력을 다해 모든 것을 다 쏟아 부을 만한 엄청난 아이디어와 집념이 기업의 성공을 좌우한다는 고정 관념이 팽배했기 때문입니다. 애덤 그랜트는 오히려 이럴 경우 '절대 실패하면 안된다'는 전제 때문에 재미있는 아이디어를 구현하는 것에 제약이 생기고 오히려 무조건 성공할 수 있는 안정적인 선택을 한다는 분석을 내놓았습니다. 결국 와비파커는 2015년 〈패스트 컴퍼니〉가 선정한 '가장 혁신적인 기업' 순위에서 1위에 선정되었습니다. 애덤 그랜트가 간과한 사실은 과거와 달리 성공한 창업 기업이 되기 위해서는 높은 집중도 보다는 '실패해도 된다'는 보완적 조치가 필요하다는 것입니다.

"독창성을 발휘하는 사람들은 대개 기존 체계에 의문을 제기하고, 위험 포트폴리오를 안정적으로 운영합니다. 한 분야에 안정감을 확보하면 다른 분야에서는 자유롭게 독창성을 발휘하게 됩니다. 경제적으로 안정되면 어설프게 쓴 책을 내거나 조잡하게 만든 예술품을 판다는 중압감이나, 아무도 시도해 본 적 없는 사업을 시작한다는 중압감에서 벗어나게 됩니다."

《오리지널스》 중

이런 안정적인 기반을 다지는 데 가장 적합한 곳이 메타버스입니다. 메타버스 속에서는 실패가 허용됩니다. 실패에 대한 어떠한 현실적 타격도 없기 때문입니다. 그러다 보니 메타버스에서는 더 큰 실패와 파격적 성취가 가능합니다. 거기에 재미 요소 및 보상 개념이 포함된 게이미피케이션*은 실패를 줄여 나가는 데 포커스를 두고 훈련을 해볼 수 있습니다. 그런데도 불구하고 현실과 같은 공간감을 갖고 있습니다. 그래서 메타버스 속에서 일어난 일들이 현실에 영향을 미칠 수 있습니다. 또한 메타버스 속에서 다양한 공간을 경험하면서 여러 상황을 관찰할 수 있기 때문에 지금과 같이 팬데믹으로 인해 여행이나 실물 경험이 제한되어 있는 상황에서는 유용하게 관찰할 수 있는 기회를 제공합니다. 물리적으로 방문이 어려운 곳을 메타버스로 경험하는 것은 어쩌면 팬데믹이 끝난 후에도 일반적인 현상이 될 것입니다.

---

* 우리 생활 속의 많은 요소들이 게임화 이론을 바탕으로 사람들을 유혹하고, 어떠한 행동을 하도록 유도한다. 게임화 이론의 예는 우리가 사용하는 스마트폰 앱이나 웹 서비스 등에도 여러 차례 적용되어 성공적 기술 안착(충성도) 효과를 낳고 있다. 이 보상 원리는 사실 매우 단순한 단계의 게임화 이론 적용 사례다. 게임화라는 이름에서 알 수 있듯 교육, 직장생활, 훈련 등의 게임적 요소가 없는 환경에 적용할 때 큰 장점이 나타난다. 이런 게임화 원리가 가장 효율적으로 사용되는 곳은 바로 신용카드의 포인트이다. 어디에 얼마를 쓰면 특정 퍼센트(%)로 포인트가 적용된다. 보상과 동기의 강화는 게임화 이론의 중요한 요소로, 우리의 행동을 유발하는 큰 원동력이된다.

SUMMARY PART 1 시각화 Visualization

1 현상과 문제를 제대로 보기 위해서는 관찰 능력이 필요합니다. 관찰에는 객관적 관찰과 숲과 나무를 볼 수 있는 거시적, 미시적 방법의 관찰이 있습니다.

2 우리가 보고 싶은 것만 보게 만드는 맹시를 주의하십시오.

3 객관적 관찰 이후 시각적 정보들을 입체적으로 인식해야 다음 단계인 시뮬레이션이 가능해집니다.

4 메타버스 속에서 입체적인 관찰을 하고 이를 시각화하는 것은 현실에 필요한 능력을 키워줍니다.

5 메타버스는 여러 현상과 인간 관계, 프로젝트 등을 실패에 대한 걱정 없이 경험, 관찰할 수 있도록 하며, 안정성을 보장합니다.

PART 2

상상의 힘, 시뮬레이션 Simulation

시뮬레이션이란 특정 상황이나 현상을 모형으로 만들어 수행해 봄으로써 실제 상황에서의 결과물을 예측하는 것을 의미합니다. 우리가 살아가는 환경 전반에서 활용하는 시뮬레이션은 넓은 의미에서 디지털 기기를 활용한 것을 통칭합니다. 비디오 게임, 놀이 공원, 비행 훈련, 역사 및 군사 체험 훈련 등이 대표적이죠. 모의 훈련 및 모의고사 같이 디지털 기기 없이 이뤄지는 관념적 행위까지 포함합니다.

일반적인 사전적 용어로는 가장假裝, 흉내, 모의模擬, 컴퓨터 모의 실험 등으로도 정의할 수 있습니다. 이번 장에서 중점적으로 설명할 시뮬레이션은 '모의'라는 해석에 가장 가까운데, 가장 혹은 가정하여 무엇을 해본다는 의미입니다. 특정 환경을 훈련하는 만큼 실제 상황에서의 대응력을 높일 수 있다는 장점이 있습니다. 즉, 실전을 대비하는 가장 경제적이고 효율적인 대비책이 됩니다. 또한, 습득한 기술을 얼마나 제대로 활용할 수 있는지 점검하는 목적으로도 활용됩니다.

대부분의 시뮬레이션은 시각화에 바탕을 두지만 데이터, 즉 수치 정보를 활용하는 방식도 다양한 분야에서 활용됩니다. 난해한 문제를 이해하기 위해 수식數式으로 실제와 유사한 상태를 만들고, 반복 연산 과정을 거쳐 문제의 특성을 파악하는 것 또한 시뮬레이션에 해당합니다.

비지니스 분야에서는 시뮬레이션을 응용해 일종의 공식을 만들어내고 여기에 예상하기 어려운 여러 변수를 대입해 예측 데이터들을 뽑아 냅니다. 예를 들어, 기업이 새로운 비지니스 모델이나 제품, 서비스 론칭을 준비하기 전에 시뮬레이션으로 수치 데이터를 확인하고, 고객 및 시장의 변화를 확인하는 식이죠.

예를 들어, 올리브영과 같은 회사에서는 회원가입과 포인트 적립을 이용해 어떤 제품이 어느 고객에게 얼마나 팔렸는지, 어떤 지역에서 가장 많이 팔렸는지 같은 관련 소비 데이터를 계속해서 쌓습니다. 이를 통해 다음 제품을 어떤 대상을 타깃하여 론칭할 것인지 또한 세일 가격의 기준은 어떻게 할 것인지 시뮬레이션 해볼 수 있습니다.

최근 여러 비지니스 분야에서 두드러지게 활용하는 데이터 관리 및 예측 모델링의 대표적인 예시가 SQLStructured Query Language*입니다. 데이터 관리 프로그램 언어인 SQL의 활용 능력은 이제 기업 채용 공고에서도 쉽게 볼 수 있는데, 그 정도로 SQL을 이용한 예측 모델이 회계 전산화 과정 등의 필수 요소로 분류되고 있습니다. 대기업과 중견 기업 등에서 디지털 트랜스포메이션**이 가속화되고 있기 때문입니다. 경영 지원, 기획, 마케팅, 영업, 사업 관리, 서비스 운영 등의 문과 성향 직종조차 SQL 가능자를 찾고 있습니다. 특히 이러한 공고에서는 SQL을 활용하고 관리하는 것뿐만 아니라, 직접 필요한 SQL을 작성(개발)하는 역량을 우대사항으로 기재합니다.

이처럼 급변하는 디지털 트랜스포메이션 환경에서 최대한 정확한 예측을 하기 위해서는 기존의 것을 모방하는 것에 그치지 않고, 비지니스

---

* 관계형 데이터 베이스 관리 시스템의 데이터를 정의하고 조작하기 위한 표준화된 프로그래밍 언어로, 데이터를 추출, 수집, 가공할 수 있으므로 이는 다양한 분야에 활용하여 데이터 처리할 때 사용하고 검색 및 분석할 수 있다. 대표적인 예로 애플리케이션 개발이 있다.

** 디지털 트랜스포메이션(digital transformation): DT 혹은 DX라고도 하며, 디지털 역량을 활용해 급변하는 시장과 고객의 니즈를 빠르게 파악하고, 이에 맞는 비지니스 모델로 대응하는 지속적인 프로세스를 의미한다.

전체에 걸쳐 있는 변수까지 제대로 이해해야 합니다. 디지털 트랜스포메이션으로 인해 정확한 예측이 가능해진 것은 우리에게 강력한 디지털 도구가 생긴 덕분입니다. 이러한 데이터를 기반으로 통찰력이 촉진되어 제대로 된 의사결정을 할 수 있게 됩니다. 이는 수익과도 연결되며 실패 요소를 분석할 정확한 지표를 제공하기도합니다. 미래를 준비할 수 있는 데이터가 또 마련되는 것입니다. 이것이 메타버스를 활용해 시뮬레이션 역량을 연마해야 하는 이유입니다.

요즘 모의 기업 경영 시뮬레이션을 메타버스 '게더타운' 속에서 시뮬레이션하고 가능 이익을 수치화 해보는 것이 신입사원 대상 교육 및 연수에 도입되고 있습니다. 가상으로 각 부분의 최고책임자 역할을 수행하며 시장 분석과 수요 예측에 따른 전략적 의사 결정으로 경영성과 창출을 체험하는 것이 이 교육의 핵심입니다. 불황기와 호황기 또 이 사이의 회복기 등으로 경제 환경을 설정하여 분석에 따라 수요와 공급을 결정하고 경쟁 시장에서 생존과 성장을 이해하는 게임 형식의 시뮬레이션형 교육입니다. 매분기마다 시장을 분석하고 자신들의 손익계산, 자산평가, 재무평가 등 경영 시뮬레이션이 가능해집니다. 이를 통해 경영자의 입장에서 회사가 시장에서 어떻게 생존하고 성장하는지 이해하게 되는 것입니다.* 메타버스로 어떻게 시뮬레이션 역량을 키울 수 있는지 알아보기 전에, 먼저 시뮬레이션의 종류와 관련 역량을 알아본 뒤 이 둘의 상관관계를 살펴보겠습니다.

---

* 현대모비스, 반도 건설 등에서 메타버스를 활용한 시뮬레이션 교육이 확대되고 있다.

디지털 기기를 활용한 시뮬레이션

이 방식에서 중요한 조건은 현실감, 즉 현존감the feeling of presence입니다. 특히 그동안 배운 지식을 얼마나 잘 활용할 수 있는지 정확히 점검하려면, 마치 실제 상황인 것처럼 몰입할 수 있어야 하기 때문입니다. 예를 들어 비행 시뮬레이션 훈련을 진행할 때는 해당 기기가 일종의 훈련 도구라는 것을 인지하지 못해야만 제대로 집중할 수 있습니다. 이는 실감 매체를 접하는 우리 일상에서도 마찬가지로, 고화질 TV 혹은 실물과 같은 크기의 대형 스크린으로 영상을 보면 집중도와 몰입도가 함께 올라갑니다. 초기의 가상VR 현실 도구들의 발달이 이런 시뮬레이션을 위해 미국 국방부의 주도로 이루어졌습니다. 몰입감을 높여 더 실제와 같은 경험을 바탕으로 군사 훈련 및 운주 항공 사업 등에서 다양하게 활용되었습니다. 이러한 훈련은 값비싼 장비와 병사들의 안전을 지키는 중요한 훈련 도구이기 때문입니다.

반면 활자는 상대적으로 몰입감이 낮습니다. 우리가 수많은 디지털 기기의 시각화에 익숙해져 있기 때문입니다. 책 읽을 때를 떠올려 볼까요? 몰입 상태에서는 주변 소리도 잘 들리지 않고, 책의 내용이 머릿속에 생생하게 펼쳐집니다. 하지만 매번 그렇진 않죠. 글이나 사진, 소리처럼 1차원적인 매체 표현 수단들은 몰입감이 낮습니다. 단, 이것들이 서로 결합해 실물과 가까운 형태를 보일수록 몰입감은 상승합니다. 혼자서 책을 통해 지식을 습득할 수 있지만, 이는 몰입도가 떨어지고 집중하기까지 많은 에너지가 필요하여 비효율적인 면이 있습니다. 그래서 학교 혹은 학원과 같은 교육 장소까지 이동하여 현장 학습을 합니다. 이때에는 선생님의 목소리, 판서 혹은 선생님의 몸동작, 시청각 자료, 책 등의 시각적 요소을 통해 학습합니다. 또, 선생님의 물음에 응답하고 손으로 글자를 쓰는 등 우리의 감각을 최대한 동원하여 학습하기 때문에 집중하기가 가장 쉽고 몰입감도 쉽게 높아집니다.

그 다음으로 몰입감이 높은 형태의 교육은 인터넷 강의가 있을 수 있습니다. 선생님이 학생들을 앉혀 두고 판서와 여러 시청각 자료 및 목소리, 얼굴 감정을 세세히 전달하며 수업하는 것은 실제와 같습니다. 심지어 자신이 이해를 못한 부분은 돌려 보거나 익명성이 보장된 온라인에서 질문하면 답변을 받을 수 있고, 시간을 들여 학습 장소까지 이동하지 않아도 된다는 장점이 있습니다.

다만 학습자가 마음대로 동영상 강의를 멈추거나 그 자료를 스킵할 수 있으며 자의로 해석하고 잘못 이해할 수 있습니다. 실제 강의에서는 학생들이 이해를 못하겠다는 표정을 지어보이면 선생님이 보충 설명을 할 수 있는데 반해 양방의 커뮤니케이션이 현장 강의 만큼 뛰어나지 않다는 점에서 아쉬운 면도 있습니다.

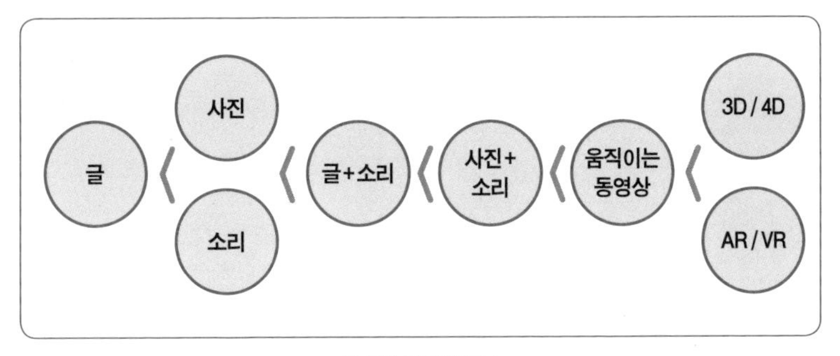

매체별 몰입의 정도

마지막으로 글을 통해 학습하거나 시뮬레이션을 해보는 것은 고도의 집중력과 에너지를 필요로합니다. 글이라는 매체의 몰입감이 높을 수 있으나 대개의 경우 현실의 소리와 시청각적 자료가 더 우리의 뇌에게 적은 활동량을 요구하기 때문에 책에 쉽게 몰입하는 것은 어려움이 따릅니다.

본래 훈련이란 시간이나 경제적으로 여유가 있고, 안전이 보장되는 상황에서 실제로 해보는 것이 가장 좋은 방식입니다. 하지만 우주 탐사, 비행 훈련처럼 천문학적인 자금과 안전과 생명상의 위험 요소가 존재하는 경우에는 시뮬레이션이 가장 효과적입니다. 또 훈련자가 얼마나 집중하는지에 따라 예상 밖의 성과를 거둘 수도 있죠. 기기가 없는 관념 속 시뮬레이션, 즉 이미지 트레이닝으로도 충분히 훈련을 할 수 있습니다.

실전에 써먹는 이미지 트레이닝

이미지 트레이닝이란 머릿속으로 운동 동작이나 스킬 등을 구체적으로 그려 가며 연습하는 것을 의미합니다. 이는 부상의 위험에서 훈련자를 보호하고, 기술을 더 연마할 수 있도록 돕는 가장 경제적인 방법입니다. 활용도는 단연 스포츠 분야에서 가장 높습니다. 2008년 베이징 올림픽에서 역도 종목 금메달을 딴 장미란 선수11와 세계적인 골프 선수 타이거 우즈12가 대표적인 경우로, 이들은 이미지 트레이닝을 통해 여러 경우의 수를 상상하고, 실전에 활용했습니다. 실제로 이미지 트레이닝 도중에 근육과 신경이 활성화된다는 연구 결과들도 나오고 있습니다. 우리의 뇌가 상

상 속 훈련을 실제로 인식하기 때문입니다.13

이미지 트레이닝을 하는 방법은 훈련 장면을 떠올린 뒤, 자신이 할 수 있는 아주 사소한 행동 하나하나를 세세하게 상상해 보는 것입니다. 이를 위해서는 고도의 집중력이 필요합니다. 한번 이미지 트레이닝으로 높아진 집중력은 이후 실제 경기에서도 비슷한 강도로 나타나기 때문입니다. 여기서 주목할 건, 아무것도 없는 상태에서 상상하는 것이 아니라 기존의 경험을 바탕으로 훈련이 진행된다는 겁니다. 실제로 진행한 훈련을 토대로 상황을 시각화하고 상상 훈련을 통해 시뮬레이션 하는 거죠. 이때, 메타버스가 이미지 트레이닝을 위한 기초적 경험을 제공할 수 있습니다. 특히 최근엔 ICTinformation communication technology, 즉 여러 디지털 기술을 활용해 스포츠 분야의 이미지 트레이닝을 돕는 연구들도 빈번하게 등장하고 있습니다. 기존에는 선수들이 시각화와 시뮬레이션까지 도달하는 데 오랜 시간과 노력이 필요했는데, 그 시간을 단축하려는 노력의 일환이죠.

스포츠 같은 특정 분야 혹은 기업에서만 이러한 모의 실험이 필요한 것은 아닙니다. 우리 모두 개인적인 성과를 내는 데도 시뮬레이션은 필요합니다. 중요한 시험이나 면접, 이전까지 해보지 못했던 일들에 대해서 메타버스는 사용자로 하여금 낯선 상황에서 새로운 일들을 마주하게 하고 그 안에서 다양한 일들을 경험할 수 있도록 현실과 같은 환경을 제공하기 때문입니다.

다음 장 테스트를 통해 본인의 몰입감을 측정해보시길 바랍니다. 미디어를 사용하면서 얼마나 몰입하는지 현존감을 측정하기 위해 설계된 질문지[14]인데, 설문에 바로 답하지 마시고 먼저 자신의 몰입감을 측정해보고 싶은 미디어에 자신을 10~30분 정도 노출시켜 보세요. 책, TV, 유튜브, 웹툰, 웹드라마, 게임 등 어떤 채널이라도 좋습니다. 자신이 몰입하지 못하는 류의 미디어, 즉 책이나 수업 내용이 녹화된 교육 영상 등과 함께 게임이나 영화, 혹은 뮤직 비디오 등을 비교해서 측정해 볼 것을 추천합니다. 1부터 5까지 동의하지 않음에서 매우 동의함으로 구성한 리커트 척도Likert Scale에 따라 응답해보세요.

질문	1	2	3	4	5
나는 (미디어 사용)이 끝나서 슬펐다.					
나는 여행을 마치고 돌아온 기분이 들었다.					
나는 (미디어) 속의 상황이 실제로도 계속 이어졌으면 좋겠다.					
나는 (미디어) 속의 경험한 어떤 부분들을 생생하게 기억한다.					
나는 이 (미디어)을/를 친구들에게 추천하고 싶다.					
나는 내 자신이 (미디어) 속에 빠져드는 느낌을 받았다.					
나는 (미디어) 속 환경에 속해 있는 느낌을 받았다.					
나는 시간 가는 줄을 몰랐다.					
나는 (미디어) 속 환경과 서로 영향을 주고받을 수 있었다.					
(미디어) 속 환경을 자연스럽게 느껴졌다.					
나는 (미디어) 속 내용이 실제와 같이 느껴졌다.					
나는 게임 속의 캐릭터들이나 사물들이 나와 같은 공간에 있는 것처럼 느꼈다.					
나는 (미디어) 속 인물 혹은 캐릭터들이 나를 거의 만질 것만 같았다. 그리고 물체들을 비롯하여 환경을 만질 수 있을 것만 같았다.					
나는 (미디어)경험을 매우 즐겼다.					
나는 (미디어) 속에 나온 장소에 직접 와 있다고 느꼈다.					
(미디어) 속의 경험은 강렬하고 인상적이었다.					
나는 내 모든 감각들이 동시에 자극을 받는 것처럼 느꼈다.					
나는 (미디어) 속 상황에 실제로 참여하고 있는 것처럼 느꼈다.					
나는 현재 실제 온도가 (미디어)와 맞추어 변하는 것처럼 느꼈다.					
합계(점수)					

응답한 모든 답변의 점수를 합해 70점이 넘는다면 몰입감이 높은 편입니다. 반대로 30점 이하라면 몰입감이 매우 떨어지는 것으로, 선택한 미디어에 거의 집중하지 못했다는 것을 의미합니다. 책을 읽으면서 낮은 몰입감이 나왔고, 게임을 하면서 몰입감에 높게 나왔다면 낮은 미디움 방향으로(영화에서 책으로)* 몰입력을 키우는 훈련을 하시길 바랍니다.

이러한 미디어에 몰입되는 경향이 어느 정도 충분하다면 이제 미디어 없이 자신의 이미지 트레이닝을 시도할 차례입니다. 최근에 본 영화나 메타버스 경험 혹은 게임 경험 중 머릿속에 이미지가 자연스럽게 떠오르는 게 있다면 시간을 정해 그 머릿속 이미지를 시뮬레이션 해보시기 바랍니다.

예를 들어 몰입감이 높은 영화를 이미지 트레이닝 하기 위해서는 다른 이에게 영화 스토리를 전달해보는 방법이 좋습니다. 우선 머릿속에 영화 장면을 순서대로 시뮬레이션 해보면서 장면 장면을 디테일하게 설명을 해보는 것입니다.

혹은 자신이 직접 경험한 재밌는 스토리를 다른 이들에게 설명해보는

---

* 현실과 근접할수록 몰입감을 제공하는 미디움이라고 칭할 수 있다. 예를 들어 게임과 같이 관람자가 직접 참여할 수 있을 때 가장 높은 몰입감을 주는 미디움이라고 표현한다. 그런 의미에서 메타버스가 바로 가장 높은 몰입감을 주는 미디움이다. 그 아래에 3D 혹은 촉감까지 겸비한 4D가 있겠고 영상 정보와 소리가 접목된 동영상이 그 다음이다. 사진 혹은 소리 등이 책과 함께 낮은 수준의 미디움이다. 동화책이나 웹툰처럼 그림과 글이 섞여 있다면 책 보다는 높은 수준의 몰입감을 주기도 한다. 책은 관념 속에서 시각화를 해야하기 때문에 가장 인지적 노동을 많이 요구한다. 그래서 낮은 수준의 몰입감을 주는 미디움으로 되어 있다. 시각화가 쉬운 책들도 있기 때문에 그러한 책으로 연습을 하는 걸 추천한다. 개인적인 추천으로는 김영하 작가의 《살인자의 기억법》이라는 소설이 짧으면서도 몰입감을 주는 시각적인 요소가 많이 포함되어 있다.

것입니다. 이때 머릿속에서 자신이 경험했던 모든 순간의 장면을 떠올려 직접 그 경험을 하고 있는 것처럼 스토리텔링을 하는 것입니다. 그때 내 감정은 어떠했고 어떤 상황이었는지 청각, 시각, 촉각 등을 다 동원해 설명하면서 머릿속에서 그 장면을 시뮬레이션 하는 것입니다.

이런 경험으로 자신감이 쌓였다면 이제는 본인이 들었던 재밌는 이야기 혹은 책을 읽으며 상상했던 장면을 시뮬레이션 하면서 다른 이들에게 전달해봅니다. 머릿속에서 완벽하게 시뮬레이션 한 뒤 이야기를 꼭

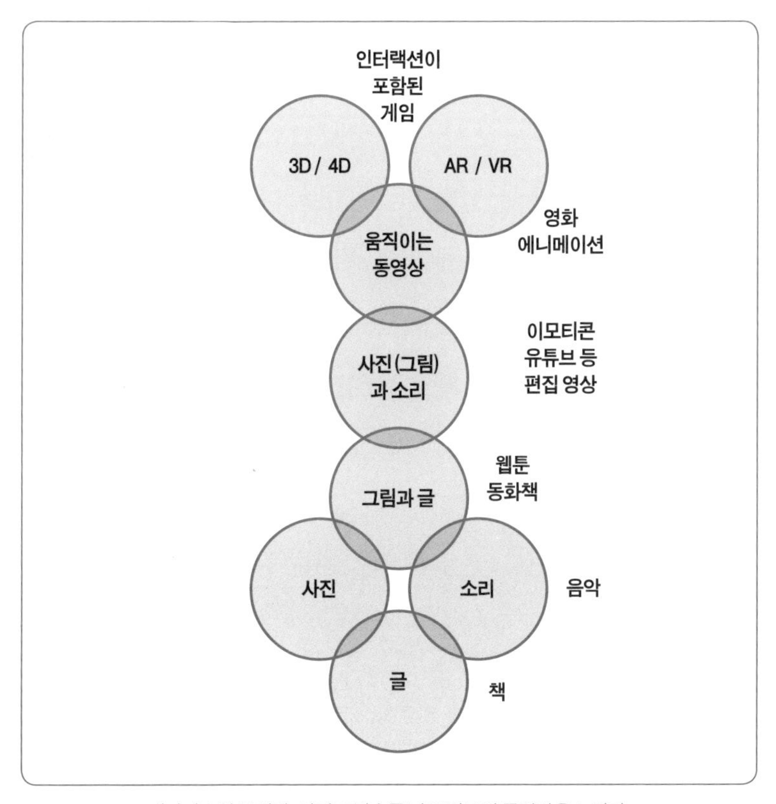

메타버스와 몰입감. 아래로 갈수록 낮은 정도의 몰입감을 느낀다.

영화를 본 것처럼 시뮬레이션 하여 설명하다 보면 이미지 트레이닝이 쉬워집니다.

그 다음 단계는 상대방 없이 혼자서 이미지를 떠올리며 장면을 시뮬레이션 하는 것을 깊이 있게 하는 것입니다. 이때에는 눈을 감고 외부 소음을 차단 한 상태에서 하는 것이죠. 중요한 시험 혹은 발표 등에서 이미지 트레이닝을 통해 자신이 훈련하고 공부한 것을 제대로 발휘하는 장면을 세세하게 상상하여 연습해봅니다. 필요한 물건은 무엇인지 상상해보면 더 명확하게 알 수 있습니다. 실수를 할 부분은 어디인지도 예상할 수 있으며 일어날 수 있는 여러 사건사고도 예방이 가능해질 수 있습니다. 잘하는 모습뿐만이 아니라 못하거나 실수하는 모습까지 상상해볼 수 있습니다. 이렇듯 시뮬레이션을 통한 이미지 트레이닝은 우리의 일상에서 아주 필요한 역량이며 활용도가 매우 높은 역량입니다.

전산화된 몬테카를로 시뮬레이션

마지막으로 관념을 넘어 수치상의 시뮬레이션, 즉 데이터 프로그래밍으로서의 시뮬레이션이 존재합니다. 몬테 카를로 방법론 혹은 다중 확률 시뮬레이션이라고 부릅니다. 불확실한 케이스의 가능한 결과를 추정하는 데 활용되는 수학적 기법으로, 반복되는 무작위 샘플링을 바탕으로 발생할 수 있는 결과의 범위를 계산하는 알고리즘의 한 형태입니다. 여러 변수를 포함하면서 예측 결과도 다양하게 최소 혹은 최대로 축출이 가능하기 때문에 보다 정밀한 예측이 가능한 것이 가장 큰 장점입니다.*

예를 들어 아마존 같은 물류 회사는 온라인 광고를 몇 회 집행하면 어느 정도의 판매가 이루어지는지, 이로 인해 물건은 얼마나 더 확보해야 하는지 결정하기 위해서 기준이 필요한데, 이러한 컴퓨터 시뮬레이션을 통해 기준을 만듭니다. 요즘과 같은 디지털 트랜스 포메이션 시대에는 산업 전반이 디지털을 기반으로 하는 대규모 사업 구조이므로 몬테카를로 시뮬레이션을 바탕으로 한 시뮬레이션 활용이 필수적입니다.

사고력과 상상력의 상관관계

시뮬레이션 활용에 의존도가 높은 또 하나의 분야는 바로 건축입니다. 건축 아이디어는 공간이라는 매개를 통해 발전합니다. 건축적 요소들은 공간적, 물리적 변수들에 영향을 받기 때문에 1차원적인 원인과 결과, 즉 흔히 접하는 '논리'의 상관 관계와는 다른 성격을 띄고 있습니다.

예를 들어 물리적 성질을 직관적으로 표현한 것은 다이어그램이나 그래프를 활용하는 것이 일반적입니다. 데이터 간의 상호 관계를 시각적인

---

* 엑셀, IBM SPSS Statistics 소프트웨어 등을 통해 위험 정도를 예측해 볼 수 있고, 파이썬(Python) 및 R프로그래밍 등에서도 오픈 소스를 활용해 쉽게 예측 모델을 돌려 볼 수 있다. 사회과학에서는 확률의 통계, 즉 인구를 대표하는 소수의 통계 결과를 전반적인 것으로 확대해 예측하는 회귀모델이 대표적이다. 이때 컴퓨터 알고리즘을 통해 무작위 샘플링, 즉 확률에 기초하여 임의의 변수에 대해 균등 또는 정규 분포 등의 확률 분포를 활용하여 가능한 결과의 모델을 구축할 수 있다. 또한 최소값과 최대값 사이를 수천 번 (시뮬레이션) 반복하여 계산, 다수의 가능한 결과를 생성해 예측하는 것으로 그 결과가 매우 정밀하다. 아마존과 같은 물류 회사를 비롯하여 인공지능, 주가, 판매 예측 프로젝트 관리 및 가격 책정 등의 실생활에서 위험 요소를 타진할 수 있는 시나리오로 활용된다.

공간적, 물리적 관계로 나타내면 위계와 관계성을 금방 이해할 수 있기 때문입니다. 반면 숫자 혹은 문자로만 표현된 정보를 이해하려면 두번의 과정*을 거쳐야 합니다. 머릿속의 이미지를 기호화해서 도면으로 표현하고, 또한 도면을 보는 사람들은 기호를 해석하는 과정에서 다시 머릿속으로 이들의 상관관계를 곱씹으며 시각화를 통해 재현해야 하기 때문입니다. 공간 속 논리는 물리적인 성질을 내포하기 때문에 시각적 이미지로 우리 머리속에서 인지됩니다.

이렇듯 공간적 성격을 표현하기 어려운 도면을 매개로한 커뮤니케이션은 부수적인 시간과 비용을 발생시켰습니다. 컴퓨터를 통한 시뮬레이션으로 도면이 대체되는 과정에서 건축 디자인과 시공의 과정은 획기적인 효율성을 보이며 변모해왔습니다.15 경제적일 뿐만이 아니라 건축자와 시공자들은 두번의 걸친 기호화, 입체적 시각화를 단 한번의 과정으로 줄일 수 있게 된 것입니다.

지난 2004년 기준 미국 기술 표준 협회National Institute of Standards and Technology가 밝힌 바에 따르면 정보 소통의 실패로 인한 미국 내 건축 산업의 손실은 연 158억 달러에 육박하는 것으로 알려졌습니다. 이러한 문제를 ICT, 정보의 디지털화로 줄일 수 있게 되었습니다. 디지털 시뮬레이션을 가능하게 해준 시스템인 '빌딩 정보 모델링'BIM: Building Information Modeling이 건축 분야에서 본격적으로 활용되었고, 건축계는 급속히 발전했습니다. 미국의 건축가로 활동 중인 데이비드 로스 쉬어David Ross Scheer에 따르면, 현재

*기호를 보고 인지한 뒤 머릿속으로 재현해보는 두 번의 과정이 존재한다.

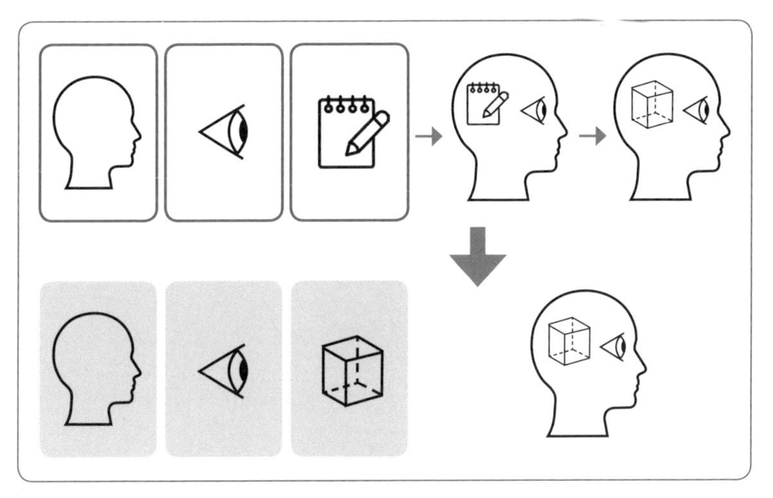

시뮬레이션을 통해 간소화된 공간적, 물리적 관계

건축가를 비롯해 건축학을 전공하는 학생들은 가상 공간에서 건축을 지어보는 것에 이미 대부분 익숙해 있고, 과거 2차원의 그림에 대한 교육 혹은 도면 교육은 건축학에서 찾아보기 힘들어졌습니다. 이 같은 내용은 그의 저서 《도면의 죽음The death of drawing: architecture in the age of simulation》에서도 밝힌 바 있죠. 나아가 시뮬레이션에 바탕을 둔 가상 공간의 건축 설계는 지금까지 500년의 건축 역사의 근간을 흔들어 놓았다 평가되고 있습니다.

도면의 가장 중요한 목적은 원래 시공자와 건축가 사이의 제대로 된 소통을 가능하게 하는 것이었습니다. 그런데 BIM의 도입 이후 단순히 제대로 된 소통뿐만 아니라 시공에 필요한 재료와 인건비 등을 예측할 수 있는 중요한 근간을 마련했고, 나아가 시공 기간까지 예측할 수 있게 된 것입니다. 디지털 기술에 의한 빌딩 정보 모델링은 도면에 대한 소통을 일축하는 것에서 시작해 건물의 운용 정보 모두를 디지털화하여 통합된 정보로 관리할 수 있도록 했습니다. 경제적 효율성을 극대화할 수 있게 된 셈입니다.

건축가들의 머릿속 아이디어를 표현해 왔다는 측면에서, 사실 도면 자체는 건축가의 상상력을 발전시키고 또한 그들의 사고 능력을 개발하는 역할을 해왔습니다. 그러나 점점 더 발전하는 시공 기술에 의해 더욱 복잡해진 건축 디자인은 전통적 방식의 도면 표기 방식의 한계를 드러냈습니다. 기술 발전과 함께 머릿속에서 구현된 디자인을 표현하고 더 발전시키기 위해서 전통적 도면에서 벗어나 시뮬레이션 형식으로 변화되어 왔죠.16 시뮬레이션으로 건축 디자인 과정이 축소되면서 건축가들은 담백하게 디자인 아이디어를 재현하는 목적으로 BIM을 도입하게 되었습니다. 이로써 가능해진 시뮬레이션의 역할은 바로 경험입니다. 이는 도면 디자인과 확연한 차이가 있습니다. 시뮬레이션을 통해 디자인을 개발하면서 다른 해석 혹은 부연 설명이 필요 없어졌고, 도면과 달리 거의 현실에 가깝게 그대로 재현해 냈습니다. 시뮬레이션 도입 이전의 도면을 경험한다는 것은 사실 보는 사람마다 제각각인 시각화 및 상상력으로 천차만별의 결과물로 받아들여집니다. 시각화 수준과 경험치에 따라 최대한 비슷한 상상을 시도하지만 분명 차이가 있을 수밖에 없습니다. 도면은 기호학을 빌려 소통하기 때문에 도면을 활용해 아이디어를 표현하는 방식은 표현 및 해석 과정에서 또 다른 영역의 역량을 필요로 했습니다. 반면 시뮬레이션은 도면이라는 기호학의 언어를 거칠 필요없이 현실에 가까운 재현을 제공함으로써 건축 디자이너로 하여금 최대한의 에너지를 재현에만 집중하게 만들면서 불필요한 낭비를 줄였습니다.

사실 건축가의 머릿속 시뮬레이션과 컴퓨터 프로그램인 BIM사이에도 어느 정도의 간극은 존재할 수밖에 없습니다. 시뮬레이션 도구가 더욱 간단해지고 자유도를 가질 때 상상력을 무한대로 펼쳐 나갈 수 있습니다. BIM으로 시각화 된 자신의 아이디어를 보고 다각도로 그 공간을 경험하게 된다면 또 다른 아이디어 재생산이 가능해집니다. 재현 전에는 알 수 없던 부분까지 더욱 발전시킬 수 있게 됩니다. 공간이라는 물리적인 요소에서 고도로 훈련된 건축가의 상상력이 시뮬레이션 되어 재현된 결과물은 그들의 상상력을 더욱 자극할 수 있습니다. 심지어 건축가의 머릿속 오리지널 상상물보다 BIM을 통해 계속해서 경험하면서 나오는 아이디어가 더 뛰어날 수 있습니다.

앞서 소개한 건축가 쉬어에 의하면 회귀 공식, 알고리즘, 데이터에 기반한 계산과 분석으로 가능해진 전산화 설계 기법은 인간이 이전까지 상상하지 못했던 물리적, 시각적 사고를 가능하게 했다고 평가받고 있습니다. 심지어 그는 이러한 전산화 설계 기법을 '아이디어 제조기'라고 표현하며 "인간의 상상력을 초월하는 환경에서 무엇이 가능한지, 그리고 인간 상상력의 한계를 깨닫게 하는 계기가 된다"고 말했습니다. 흥미롭게도 세계적인 건축가 프랭크 게리Frank Gehry의 건물 디자인 같은 경우 일반적인 박스형 건축 디자인에서 벗어나 유기적인 형태를 띄는 것으로 유명합니다. 이때 그 모양을 아름답게 유지하면서도 안정성stability을 유지하기 위해 회귀 알고리즘 시스템을 활용합니다. 이를 파라메트릭/알고리즘 디자인parametric design 방식이라 칭하고 직관적 형태 속에 수학적 논리가 존재함으로 안정성을 확보합니다.

심지어 이런 디자인을 실제로 시공할 때에 수학적으로 철저하게 계산된 각도만큼 구부리거나 잘라 조립하는 것을 시뮬레이션을 통해 계산된 알고리즘 안에서 행합니다. 이는 앞서 설명한 SQL의 방식과도 맞닿아 있는데 이것이 어디까지 가능한지에 따라 디자인에 영향을 미칠 수밖에 없습니다. 아래 사진 속 프랭크 게리의 건축 디자인은 수학적 알고리즘에 의해 물리적으로 가능한 모양으로 디자인 되 것인데 이를 디자인하는 과정 속에서 디자이너의 머릿속 상상력은 시시각각 자극을 받고 더욱더 창의적인 형태로 펼쳐지게 되는 것이 가능해집니다.*

프랭크 게리가 설계한 LA 월트 디즈니 콘서트 홀(2003)은 전산화된 파라메트릭/알고리즘 디자인 방식으로 가능하게 된 유기적인 형태의 디자인이다.

* 특히나 Gehry Partners LLC에서 제작한 Experience Music Project (2000)는 철강 구조와 페널들을 제작하는 데 전산 제어 기기를 도입하여 CNC플라즈마 커터로 철재 부위를 자르고 가변 압력 롤러로 재료를 정확하게 구부려 원하는 형태로 조립을 한 것으로 알려져 있다 (3D 프린팅의 원류라고 할 수 있다). 이렇듯 아이디어를 구현하는 부분에도 시뮬레이션을 토대로한 조립 능력이 필요하다.

자기 자신을 객관적으로 바라보고 경쟁력을 키우기 위해서는 객관화를 통해 자신을 제3자의 입장에서 관찰할 수 있어야합니다. 이때 중요 한 것이 시각화와 시뮬레이션 역량입니다. 자신을 다른 사람의 시점에서 관찰을 해봄으로써 자신의 능력과 강점을 객관적으로 확인하고, 발전시킬 영역을 구체화할 수 있습니다. 일반적으로 여러가지 강점 테스트strength test를 해보거나 MBTI 테스트 등의 양적 지표로 자신의 능력을 객관화하는 것이 가능합니다. 하지만 사람마다 그 능력이 다르고 상황마다 보이는 특징이 다르기 때문에 이러한 정형화된 테스트를 통해 알게 된 사실은 어느 정도 평균치에 자신을 욱여넣은 방식입니다. 자신의 고유한 능력을 일반적인 특성에 끼워 맞추게 된다면 자신을 제대로 이해하는 것에 있어서 정확성 및 명확성이 떨어질 수 있습니다. 그렇기 때문에 자신을 객관화해 관찰하는 능력이 매우 중요합니다. 누구도 모르는 자신만의 고유한 능력을 찾아야 합니다. 메타 인지Metacognition를 높이기 위해 자신을 제대로 아는 것이 중요합니다.

메타 인지와 시뮬레이션

교육에 있어서 메타 인지 학습의 중요성은 이제는 학계를 넘어 일반인에게도 알려진 대중적인 이론으로, 발달 심리학자인 존 플라벨John H. Flavell에 의해 개발되고 소개되었습니다. '생각에 대한 생각', '인식에 대한 인식'으로 해석되는데, 다른 사람의 인지에 대한 인지로도 해석할 수 있는 어느 정도 고차원의 생각 기술입니다. 즉, 메타 인지 학습을 통해 자신을 객관화하는 능력을 지닐 수 있습니다.

상위 0.1% 학생들은 자신의 취약한 분야를 알고 집중적으로 그 부분을 공략하여 시험을 대비하는 행동을 한다고 알려져 있습니다. 즉, 자신의 능력을 객관화할 수 있는 것입니다. 뿐만 아니라 남들과 차별화하여 자신만의 탁월한 능력을 갖추는 과정에서 이 메타 인지 학습법이 적극 적용되는데, 스포츠 분야에서 이러한 차별화 전략을 찾아볼 수 있습니다. 운동선수의 경우 자신을 다른 사람들과 차별화할 수 있는 부분을 찾아내어 훈련을 통해 이러한 능력으로 만들어 냈습니다. 예를 들어 미국 프로 농구 샌안토니오 스퍼스 팀의 지노 빌리Manu Ginóbili 선수는 축구 종목 출신으로 일반 농구의 스텝과 달리 다른 선수들이 수비하는 것을 어렵게 만들며 두각을 나타냈습니다. 기존의 능력을 차별화하는 것으로 두각을 보인 셈인데, 이때 가장 중요한 것이 자신을 객관화해 다른 이들과 다른 부분을 강화하는 능력이었습니다. 이것이 메타 인지 능력의 핵심 포인트입니다. 이때, 우리가 시뮬레이션을 사용하면 할수록 진짜 개발해야 하는 분야에 집중할 수 있고, 시간과 노력을 아껴 효율성을 극대화할 수 있습니다.

더 나아가 메타 인지를 통해 자신의 약점을 발견하고, 그 약점을 보완하기 위한 훈련을 할 때도 여러가지 가설과 시뮬레이션이 필요합니다. 그냥 무턱대고 같은 행동을 반복한다고 약점이 사라지는 것이 아니라 어느 정도 상관 관계가 있는 근거를 토대로 훈련해야 하는데, 이때 실패는 필수적인 요소입니다. 실패를 통해 다시 재조정하고 도약할 수 있기 때문입니다. 메타 인지가 높아진다면 성공을 위해 필요로 하는 실패의 횟수를 예상할 수 있게 됩니다. 또한 이 실패가 가져다줄 파급 효과도 시뮬레이션 해볼 수 있어 실패 횟수를 줄일 수 있습니다. 이런 과정은 결국에는 실패를 즐기도록 도와주고 나아가 성공할 때까지 버틸 수 있는 원동력이 됩니다.

이것은 맬컴 그래드웰Malcolm Gradwell의 저서 《1만시간의 법칙》이 재조명되면서 새로 집필된 안데르스 에릭슨Anders Ericsson 박사의 《1만시간의 재발견》에서 확연히 드러났습니다. 기존 《1만시간의 법칙》에서는 한 분야의 탁월함을 나타내는 전문가가 되기 위해서는 최소한 1만 시간의 노력과 훈련이 필요하다는 가설을 바탕으로 수많은 예시를 보여주었습니다. 1만 시간의 노력은 하루에 3시간씩 투자할 경우 10년이 걸리며, 만약 하루에 10시간가량을 투자할 경우 3년의 시간이 걸린다는 것입니다. 사실 이 책 또한 안데르스 에릭슨 박사가 1993년에 발표한 논문에 게재된 내용입니다. 하지만 최근 이를 뒤집는 내용이 다시 재조명을 받았습니다. 뛰어난 능력을 갖춘 전문가가 되기 위해서는 필수적인 두 가지 요소가 있어야 합니다. 첫째는 1만 시간의 노력과 함께 의식적인 노력, 둘째는 피드백이 필요하다는 것입니다. 여기서 자신을 객관화하는 메타 인지는 두 가지를 모두 아우를 수 있습니다.

먼저, 그냥 노력이 아니라 '의식적인' 노력입니다. 이를 수행하기 위해서는 자신을 객관화할 수 있어야 합니다. 자신의 강점과 약점을 제대로 이해하고 약점은 보완하면서 강점을 더욱 강화하는 노력이 필요한 것이죠. 맹목적인 노력도 물론 성장하는 데 도움이 되겠지만 그것만으로 뛰어난 전문가가 되는 건 어렵습니다. 다음은 피드백인데 자신이 노력한다고 어느 정도 성장했는지 확인할 수 있어야 합니다. 이때 시험이나 다른 전문가들의 피드백을 받으면 가장 좋겠지만, 그러한 피드백이 불가능할 때가 있습니다. 그럴 때야 말로 자신을 객관화하여 제3자의 관점에서 관찰하고 평가할 수 있어야 합니다.

우리의 뇌는 절대 늙지 않고 평생에 걸쳐 성장하고 도태되는 과정을 반복합니다. 그러니 어린 나이에 필요한 부분의 성장이 충분하지 않았다고 실망할 필요가 없습니다. 뇌의 부위는 고정적인 것이 아닙니다. 원래 필요한 부분의 시냅스 성장이 불가능할 경우, 근처 뉴런과 시냅스를 활용하여 모자란 부분의 신경망을 다시 재정비할 수 있기 때문입니다.

지식과 원리를 꿰뚫는 공감 능력

김경희 박사는 저서《융합 인재가 세상을 이끈다》에서 공감 능력과 상상력의 연관성에 대해 역설합니다. 또 이지성 작가의《에이트 씽크》에서는 인간이 유일하게 AI를 능가할 수 있는 것 또한 공감 능력이라고 강조합니다. 공감이라는 행위는 다른 사람의 감정이 이해가 되고 그로 인해 감정이 전염 및 공유된다는 의미를 가집니다. 공감을 하기 위해서는 먼저 요구되는 과정이 있는데, 그것은 바로 다른 사람의 감정을 읽는 것입니다. 이때 상대방의 몸짓, 목소리의 높낮이, 크기, 그리고 얼굴의 미세한 변화, 눈의 크기, 미간의 주름 등등 여러 가지 정보를 조합하여 감정을 읽어냅니다.

아스퍼거 증후군Asperger syndrome은 자폐 스펙트럼의 양상 중 하나로 보통의 자폐 경우보다는 일반적인 상호작용이 가능하지만 같은 행동을 반복하거나 사회적 상호작용도 제한적인 편입니다. 또한 어떤 특정 분야에 대해 높은 능력을 보이지만 관심 있는 분야가 매우 제한되어 있습니다. 거울 뉴런의 작용이 덜한 것의 증명으로 표정으로 감정을 표현하지 않는 경향을 보입니다. 일반적인 사회 생활에는 어려움을 겪어 홀로 지내는 것을 선호하는 편입니다. 일반적인 사회활동이 다른 자폐 스펙트럼의 경우와 달리 가능하기 때문에 인지 치료라든지 여러가지 방법으로 이를 완화시킬 수 있는 경우도 보이고 있습니다. 특히 조기에 치료가 시작될수록 예후가 좋은 편으로 알려져 있습니다.9 공감이 떨어지는 다른 병적 증세는 소시오 패스와 사이코 패스입니다. 이들은 공감 능력이 없는 것으로 알려져 있습니다. 사이코 패스의 경우 선천적으로 타고난 특성으로 감정적 교류 능력이 현저히 떨어져 남들에게 고통을 주고도 자신은 무감각 할 수 있습니다. 특히 사이코패스는 자신의 이익을 위해서 공감하는 척을 할 수 있는 것으로 알려져 있습니다. 공감을 이용하여 자신의 이익을 획득하는 겁니다.

반면에 정상적으로 성장한 아이들은 청소년기에 급격한 감정들을 경험합니다. 특히 이때의 아이들은 상대방이 울 때 자기도 모르게 같이 울게 되거나, 상대가 웃을 때 자기도 모르게 같이 미소를 지어 보이는 데서 자폐 스펙트럼과 다르다는 것을 알 수 있습니다. 그리고 감정의 전염 현상, 즉 남이 화가 나면 자신도 같이 화가 난다거나, 남이 기쁘면 자신도 같이 기쁜 것도 바로 거울 뉴런의 존재와 성장이 청소년기 때 완성되기 때문입니다. 청소년기에는 2차 성징과 함께 더 다양한 감정이 확실하게 발달합니다.

그래서 반항감도 급격히 생겨납니다. 또한 감수성이 깊어지는 시기라 조그만 일에도 쉽게 웃고 울고 하는 모습을 보입니다. 그러한 급격한 변화를 겪으면서 자신들과 비슷한 과정을 겪고 있는 또래를 무척이나 찾습니다. 감정이 어느 정도 매말라 있는 어른 보다는 자신들처럼 감정 기폭이 큰 또래 집단과 이야기를 하고 교류할 때 서로 공감하기 때문입니다.

인지 심리학자들은 시각적 시뮬레이션 능력이 공감 능력과 거울 뉴런을 매개로 서로 유기적으로 연결되어 있다는 사실을 밝혔습니다.[17] 공감 능력을 관장하는 거울 뉴런은 시뮬레이션을 가능하게 하는 곳입니다. 이 거울 뉴런은 3세 이전의 어린 나이에 발달하는데, 이때 아이들이 상대방의 행동을 모방하는 것을 볼 수 있습니다. 만 7개월 이후부터는 상대방의 얼굴을 인식하게 되고, 12개월이 되기 전에 어른이 손가락으로 어떤 곳을 가리키면 그 손가락을 따라 시선이 향합니다. 이 시기에 이러한 행동을 보이지 않는다면 자폐 스펙트럼 중 하나로 간주하기도 합니다. 손가락을 따라 시선이 향하고, 행동을 따라 하는 것이 바로 이 거울 뉴런의 성장을 나타내는 것입니다.

손가락을 가리키면 이에 따라 시선이 따라오던 기초적인 것에서 다양한 감정 표현을 따라 하는 단계로 넘어갑니다. 그리고 자신이 그 감정을 표현해야 할 때 부모나 자기가 보았던 감정 표현을 따라 하는 경향이 있습니다. 어린 아이들이 어른처럼 웃거나 박수를 치는 행위는 모방에 가깝다. 이는 바로 거울 뉴런의 작용이 있기 때문입니다. 다른 어떤 동물과 달리 인간 고유의 능력으로 모방하는 능력을 가지고 있습니다. 다른 뇌의 부위와 달리 언어를 학습하거나 행동을 학습하는 거울 뉴런은 성장 과정에서만 활발히 작용하고 이후에는 성장을 멈추는 부위이기 때문에 그 시기를 놓치면 자폐로 확정이 됩니다. 자폐로 확정이 된 경우 정상으로 돌아오기는 쉽지 않았습니다. 그렇기에 그 시기에 특정 공감 능력의 발전을 보이지 않을 경우 자폐로 판정을 받는 것입니다.

다시 말해 이 거울 뉴런의 존재는 인간의 유일한 특징인 사회화를 가능하게 하는 역할로 다른 사람의 행동을 모방해 보면서 감정까지 대입할 수 있는 매우 고차원적인 역할을 담당하고 있습니다. 시뮬레이션 측면에서 이 거울 뉴런의 존재 목적은 모방의 다음 단계, 즉 상대방의 마음을 헤아려 볼 수 있는 기능으로 확대하는 것입니다.18

공감 능력을 위한 시뮬레이션은 단순히 입체적인 물건이나 공간의 정보에만 해당되는 것이 아닙니다. 공간 정보를 가진 시뮬레이션은 물리적 원리를 이해하고 있다면 이미 일어난 일이 아니더라도 쉽게 시각화 낼 수 있습니다. 예를 들어 교통 사고에서 타이어 자국이나 자동차가 부서진 모양, 운전자 위치 등의 정보를 면밀히 관찰하고 여러가지 정보를 수집함으로써 그러한 교통사고가 어떻게 일어난 것인지 사고 과정을 보지 않았지만 훈련을 통해서 시뮬레이션 해볼 수 있는 것입니다. 일어났을 법한 상황을 여러가지 변수까지 고려해 '내가 그 자리에 있었다면' 가정하고 여러 물리적인 변수들의 인과 관계를 바탕으로 과학적 예측을 해보는 것입니다.

이런 공감 능력과 시뮬레이션 능력은 사람들 간의 협상과 같은 중요한 사회적 활동에서 큰 역할을 합니다. 내가 이런 말을 할 때 상대방이 어떤 반응을 할 것인지 예측할 수 있기 때문이죠. 이때에는 그 상대방에 대한 충분한 사전 지식과 더불어 스스로 상대방의 입장이 되어보는 시뮬레이션이 매우 중요합니다. 그렇게 예상 가능한 대화를 시뮬레이션 해봄으로써 자기가 원하는 방향으로 그 협상을 이끌어 낼 수 있죠.

물리적인 사회생활의 중요성

다른 이의 감정을 읽고 이에 따라 추측하는 행동은 청소년기에 기하급수적으로 발달합니다. 언어와 지식이 급속도로 성장함에 따라 단지 남의 감정을 따라만 하는 것이 아니라 여러 가지 정보를 취합하여 상대의 입장을 이해하고 동감하며 공감하기 시작하는 것입니다. 이 시기에는 감정적 교류와 여러 가지 인지 능력이 매우 복잡하게 성장합니다.

공감 능력의 포인트는 바로 상대방의 입장이 되어 시뮬레이션 해 보는 것입니다. 공감한다는 의미를 지닌 영어 단어 emphasize 혹은 empathy를 찾아보면 "Put yourself in others' shoes" 라는 해석이 나오는데, 이는 곧 당신이 다른 사람의 상황과 환경에 들어갔다고 상상하는 것을 의미합니다. 다시 말해, 한국어로는 '다른 이의 입장이 되어 고민한다'는 의미가 영어에서는 '상대 몸에 자신이 들어가 그 사람이 되어 세상을 바라본다'는 것입니다.

다른 이의 감정을 읽어내고 공감하는 기술은 아무리 첨단 과학이 발달해도 기기가 따라오기 힘든 부분입니다. 페이스 리더Face reader라는 소프트웨어를 활용해 사람들의 표정을 읽고 감정을 맞추는 등 인간의 감정을 읽을 수 있는 기술도 있지만, 그럼에도 더 미묘한 감정 정보를 읽어내 공감하는 능력은 인간이 우월합니다. 오감과 인지 등이 매우 복잡하게 얽힌 인간 고유의 능력이기 때문입니다. 특히 오감과 인지가 관여하는 이유는 아무리 상대방 입장이 되어 상상해 보아도 자신이 유사한 경험이 없다면, 실재감이 떨어져 엉뚱한 감정을 상기시킬 수 있기 때문입니다. 많은 경험과 더불어 감정적 반응이 합쳐지면 메타 인지 능력의 발달과 함께 공감 능력이 같이 상승할 수 있습니다.

결국, 시뮬레이션 능력은 공감 능력과 밀접한 관계를 보입니다. 앞에서 언급했듯 관련 경험이 많거나 시뮬레이션을 해보는 경험이 많을 때 다른 사람의 감정을 읽어내는 공감 능력 또한 연결되어 발달될 수 있기 때문입니다. 상대방의 입장이 되어보는 것은 비단 남과의 소통을 잘하기 위해서만이 아닙니다. 누군가와 경쟁을 할 때도 그 경쟁자의 생각을 읽어내야 성공 전략을 짤 수 있는 것입니다. 이 시뮬레이션 능력으로 여러 가지 가설을 세울 수가 있고 또 어떤 가설이 가장 확률이 높은지도 도출해낼 수 있습니다.

시뮬레이션 역량이 없다면 감정의 전이가 되더라도 상대방이 왜 이런 감정이 드는지 추측할 수가 없습니다. 감수성이 예민해 다른 이의 감정 전이가 쉽고 빠른 것과 이러한 감정이 일어나기까지 추측하는 것에는 차이가 존재합니다. 감정이 전이된 후 시뮬레이션을 통해 추측이 가능해질 수 있습니다. 따라서 책과 같은 도구를 통해 작가가 전개한 감정의 전개를 이해하는 것은 시뮬레이션 능력을 향상시킬 수 있는 좋은 도구가 됩니다. 시뮬레이션이라는 능력을 가지고 책을 읽는다면 책에 몰입해 3차원화하여 이해할 수 있습니다. 책을 읽으면서 성장한다면 공감 능력과 시뮬레이션 능력을 갖춰 저자의 의도까지 이해 및 시뮬레이션 할 수 있게 됩니다. 그저 책에 적힌 정보로 끝나는 것이 아닌 살아있는 지식처럼 다방면에서 곰곰이 생각 해 볼 수 있는 것입니다. 이게 바로 책을 읽는 것이 시뮬레이션 능력을 키우기에 유익한 이유입니다.

여러 가지 지식 정보가 우리 안에 쌓이면서 기하급수적으로 정보를 해체하고 가공하는 능력이 올라갑니다. 역사 책 혹은 엄청난 지혜를 가진 선인들의 인문 서적을 읽는다고 가정해 보겠습니다. 시뮬레이션을 통해 먼 옛날에 있었던 일을 더 생생하게 이해하고 입체적으로 분해 및 재조립이 가능해집니다. 현재에 적용할 수 있는 지혜가 무궁무진해지는 것입니다. 또 인문 고전 서적을 볼 때에도 작가의 의도를 그때 상황이 되어 읽으려고 노력해 본다면 천재적인 선인의 지혜를 엿볼 수 있을 것입니다.

지금 설명한 책을 통한 지식 습득 과정에는 이 시뮬레이션 능력 말고도 다른 능력들이 필요합니다. 바로, 글을 읽는 능력입니다. 문해력이 갖춰지면 엄청난 양의 지식을 방대하게 쌓을 수 있습니다. 하지만 처음부터 그렇게 될 수가 없습니다. 우선은 1장에서도 언급한 바 있지만 어린 시절부터 다양한 시각화 매체를 접한 세대는 책을 읽어 지식과 견문을 넓히기 힘든 환경에 지속적으로 노출돼 왔습니다. 그리고 기존의 제한적 미디어(책, 영화, 드라마, TV 등)를 통해 많은 경험을 하기는 어려웠습니다. 그래서 기성세대들은 종종 책을 많이 읽고 경험을 많이 하는 것 외에도 여행을 많이 해보라고 조언합니다. 견문이 넓어짐에 따라 더 쉽게 시뮬레이션을 할 수 있기 때문입니다. 많은 사람을 만나고 그들의 이야기를 들을 때 우리는 그 사람의 입장에서 그가 처했던 상황에 몰입해서 이야기를 듣습니다. 그리고 상상해 봅니다. 이런 과정들이 쌓이고, 다양한 문화와 경험들이 더해지면서 공통되는 지식 혹은 원리를 꿰뚫어 보는 능력도 자연스럽게 생기게 됩니다.

메타버스 속 시뮬레이션

하지만 여기에는 시간과 공간의 제약이 있습니다. 책을 통해 시각화를 거치고 시뮬레이션까지 발전하는 것이 여전히 가장 효율적이고 가장 고난도의 훈련일 것입니다. 하지만 처음부터 그 상태에 도달하기가 어렵다면 메타버스 플랫폼을 통해 이 경험을 시뮬레이션 해보는 것이 대안이 될 수 있습니다. 분명 종이책에 글로 표현된 내용을 시각화 하여 특히나 3D로, 입체적으로 시뮬레이션 해내는 연습도 병행해야 할 것입니다. 책을 많이 읽지 않고 자란 학생들이 책 읽기를 어려워하는 이유가 여기에 있습니다. 아직 많은 사회적 경험을 해보지 않아 글로 표현된 상황을 스스로 상상 해보기 위한 소스, 즉 재료가 부족한 것입니다. 많은 경험을 해본 어른과는 달리 글의 배경이나 문맥에 대해서 바로 이해가 되지 않기 때문입니다. 특히나 최근까지 그림으로 된 동화책을 보던 아이들의 경우 갑자기 글로만 빼곡하게 적힌 책을 읽으면서 이해하라고 하면 많은 노력과 실패가 필요합니다. 이는 얼핏 보면 주의 집중력이 부족하다고 할 수 있습니다. 글을 읽는 것조차 익숙하지 않은 상태에서 글을 다시 시각화 하여 상상하는 것은 엄청난 양의 에너지가 뇌에 전달되어야 하기 때문입니다.

이후 여러 번의 힘든 시도 끝에 시냅스가 형성된다면 책을 읽고 자연스럽게 시각화 해내는 작업을 비교적 쉽게 해낼 수 있게 될 것입니다. 하지만 요즘 아이들은 수많은 디지털 미디어의 유혹에 둘러 쌓여 있기 때문에 책 읽기와 시각화 연습 시간이 부족한 것이 사실입니다. 또한 여기에 더해 주의 집중력을 훈련하기 위한 기회도 부족합니다. 그리고 집중력에 대한 연습이 되어 있지 않아 이러한 훈련을 매우 지겹게 느낄 것입니다. 우리 뇌는 집중을 싫어하는 것이 일반적입니다. 더 나아가 이러한 상황에서 모든 미디어를 갑자기 끊어내고 어린 아이가 좋아하든 싫어하든 책을 읽히는 연습을 시킨다면 어려서는 부모 말을 들어 어느 정도 순종할 지도 모릅니다. 아마 착한 아이일수록 수록 책 읽기를 억지로라도 할 것입니다. 하지만 이러한 부정적 감정은 오래 각인될 것이고 성인이 되어서는 책 읽는 행위 자체가 싫어지는 위험한 상태가 될 수도 있습니다. 현재는 개인 스마트 폰을 소지하는 것이 일반적입니다. 초등학교에서 컴퓨터를 활용한 교육이 활발히 진행합니다. 또한 어린 나이부터 컴퓨터 게임을 즐기는 상황에서 미디어를 끊어내는 것은 그들의 사회, 즉 또래 집단에서 멀어지게 하는 결과를 낳을 수 있습니다. 또한 결과물은 쉽게 손에 잡히지 않은 상황에서 잃는 것은 많아 박탈감을 느끼게 될 것입니다. 이로 인한 좌절감과 우울감을 느낄 수도 있습니다.

미디어를 완전히 끊어 내기 어렵다면 그냥 아무 일반 게임보다는 메타버스와 같이 공간감이 가미되어 있고 어느 정도의 게이미피케이션 요소가 있는 플랫폼을 접하고 사용한다면 디지털 미디어의 폐해 속에서도 어느 정도 유익한 능력을 습득할 수 있을 것입니다. 왜냐하면 메타버스 속에서 자신이 생각한 것을 마음껏 시뮬레이션 해보고, 실패도 해보고, 성공도 해볼 수 있기 때문입니다. 이러한 시뮬레이션을 통해서 성공의 길로 나아가기 위해 더 많은 방책과 해결 방법을 모색할 것입니다.

그 과정에서 얻는 능력들은 책을 읽으면서 얻을 수 있는 지혜와 맞먹을 만큼 값진 것이기 때문입니다. 결국, 이 시각화와 시뮬레이션 능력은 다독의 결과로 만들어 낸 능력보다 더 빛을 발할 수 있을 것입니다. 기존에 방대한 양의 다독을 한 사람도 이러한 시뮬레이션 능력을 꼭 갖췄다고 할 수는 없습니다. 관찰과 시각화 훈련을 같이 하지 않았다면 다독의 결과가 시뮬레이션 능력을 개발한다고 확신할 수는 없기 때문입니다.

물리적 대인 관계를 통해 상대방의 마음을 읽는 법과 함께 예리한 시뮬레이션 능력을 개발하기 위해서 메타버스 플랫폼들을 제대로 활용한다면 여러 지식을 습득하는 데 있어서 시너지 효과를 얻을 수 있을 것입니다. 다만 책 읽는 것과 실제 경험 등 대면 상호 작용을 배제하고 메타버스를 한다면 그 효과에 대해서는 큰 효과를 보기 어렵습니다.

우리 뇌의 발달은 물리적 자극에 쉽게 영향을 받습니다. 가령 걷기 1시간의 운동으로도 치매나 뇌 질환을 예방 한다거나 파킨슨 병의 경우 증상을 늦출 수 있는 것으로 알려졌습니다.[19] 뇌의 지속적인 발달을 위해서 걷기 운동을 비롯한 여러 운동이 큰 역할을 하는 것입니다.[20] 이처럼 물리적인 활동과 운동을 포함하여 살아 있는 경험과 병행하면서 메타버스 플랫폼을 통해 시뮬레이션 능력을 강화해 보기를 강권합니다. 이러한 훈련과 함께 상호 작용을 바탕으로 대인 관계를 해 나간다면 가장 고난도의 단계인 다른 사람의 마음을 읽는 능력도 함께 개발될 것입니다. 이와 동시에 메타버스로 이외의 상황들을 시뮬레이션 해볼 수 있다면 이상적인 역량 훈련이 될 것입니다.*

원초적으로 시뮬레이션 역량은 공간 감각이 가미된 시각화와 연관이 있습니다. 시뮬레이션을 할 수 있느냐 없느냐가 공간감으로 인해 결정되기 때문입니다. 모의로 실험해 보는 것을 뜻하는 시뮬레이션은 공간감에 기초할 때 제대로 할 수 있습니다. 가상의 상황을 마치 실제처럼 3차원으로 볼 수 있어야 하기 때문입니다.

Activity Point: 입체적 시각화와 시뮬레이션

다음의 그림을 3D로 된 레고 모형이라고 가정하고 머릿속에 그려 봅니다. 그런 다음, 육각형과 구를 각각 위와 아래, 앞과 뒤로 움직여 봅시다. 또 360도 즉, XYZ 축으로 회전시켜 봅니다. XYZ축의 위, 아래 옆을 기점으로 어느 방향으로든 돌려 봅니다. 만약 이러한 이동 및 회전 시뮬레이션을 관념 속에서 하기가 어렵다면 실제 존재하는 물체 중 비슷한 모양을 찾아보고 그것을 공중에서 움직이며 회전시켜보는 연습을 해봅니다. 이후 눈을 감고 다시 그 시뮬레이션을 연습해보고 이후 사진 속 물체로 해보는 것을 연습합니다.

* 앞서 소개한 몰입도 설문은 이러한 훈련 후 자신의 집중력이 어느 정도 성장했는지 체크할 수 있는 지표가 될 것이다.

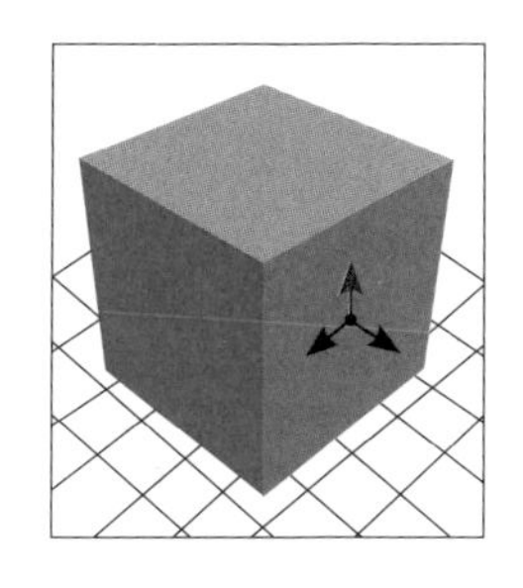

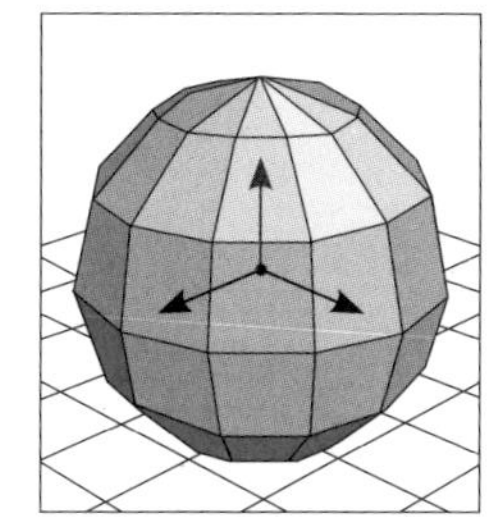

유니티Unity* 속에서 가상의 3차원 물체를 만들 때 그림 속 좌표가 주어집니다. 이는 XYZ축을 표현하고 있으며 이를 통해 3차원 속 여러 방향으로 위아래 좌우 앞과 뒤로 이동이 가능합니다. 이렇게 실제로 만져 보고 돌려본 물체에 대한 느낌과 인식은 완전히 다릅니다. 머릿속에서 이 그림 속 물체를 3차원으로 만들어 여러 가동 범위 내에서 체험하는 것은 시각화 즉, 비주얼라이제이션과 공간감 체험이 합쳐진 경험입니다. 이 활동이 쉬워진다면 여러 물체로 확대하고 여러 번 반복하면서 실제로 본적이 없는 어떠한 구조를 떠올려 보는 것을 도전해 보시기 바랍니다. 머릿속에 증감 현실처럼 모형을 띄워 놓고 여러 모양으로 만들어볼 수 있다면 자유 자재로 상상의 나래를 펼 칠 수 있을 것입니다. 그 다음 단계는 가본적 없는 공간을 돌아다녀 보는 것을 시뮬레이션 해보시기 바랍니다.

시뮬레이션 능력은 하나에 국한된 능력이 아니라 여러 분야에 접목할 수 있습니다. 상황에 대한 시뮬레이션은 물론 자연적인 현상, 인간의 관계 등등 수많은 영역에서 이러한 시뮬레이션 능력을 필요로 하기 때문입

* 유니티는 무료 소프트웨어로, 2차 혹은 3차원의 물체를 비롯해 비디오게임, 건축물, 애니메이션과 같은 인터랙티브한 콘텐츠를 만들 수 있는 도구이다. 윈도우와 맥 모두에서 실행가능하며 프로그램 언어는 C, 자바스크립트 등을 사용한다.

니다. 반면에 우리 뇌에서 이러한 시각화와 시뮬레이션을 해볼 수 있는 영역은 거울 뉴런 단 한 군데입니다. 그러니 이렇게 동시에 여러 가지를 훈련을 한다면 시너지 효과가 상당할 것으로 볼 수 있습니다.

어떤 자연 현상을 시뮬레이션 하는 능력은 있지만 사람의 마음을 읽어내야 하는 시뮬레이션은 난이도가 높고, 복잡한 인과 관계 및 관찰이 요구되므로 어려울 수 있습니다. 하지만 훈련을 통해 여러 방면으로 시뮬레이션을 연습한다면, 즉 메타버스를 통해 이 능력을 강화한다면 기존의 시뮬레이션 능력이 떨어지더라도 개발이 가능합니다. 또한 독서에 있어서도 이미 본 장면 혹은 경험한 장면에 대한 해석은 상상 해보기가 쉬워지기 때문에 독서 능력을 배양하는 데에도 도움이 될 것입니다. 또한 이에 따라 사람들의 마음을 읽는 능력도 같이 성장할 수 있을 것입니다. 무엇이 먼저인지는 중요한 게 아닙니다. 이 능력들은 서로 긴밀히 연결되어 있어 함께 성장하는 특성을 지니는 만큼 메타 인지를 길러 잘 활용하는 것이 중요합니다.

SUMMARY PART 2 시뮬레이션 Simulation

1 시뮬레이션의 종류에는 디지털 기기를 활용하거나, 머릿속에서 관념적으로 이미지화 하는 방식, 수학적으로 발전시킨 컴퓨테이셔널 시뮬레이션이 있습니다.

2 메타버스를 통한 시뮬레이션은 디지털 기기를 통한 것이지만 점진적으로 머릿속 관념적 시뮬레이션을 연습해야 합니다.

3 이를 위해서 높은 몰입감이 필요한데 이 시간을 단축하기 위해 메타버스에 필요한 디지털 매체를 적극 활용합니다.

4 이때 중요한 것은 입체적 시각화로서, 여러 경험과 더불어 우리의 감각을 활용한 시뮬레이션이 필요합니다.

5 시뮬레이션 과정은 창의적인 면과 맞닿아 있는데 컴퓨테이셔널 시뮬레이션을 통해 창의력의 한계를 뛰어넘는 아이디어들을 도출할 수 있습니다. 이점을 메타버스를 통해 이뤄내야 합니다.

PART 3

기민한 체계, 애자일 Agile

애자일Agile은 최근 경영의 최전선에서 흔하게 사용되는 기법이자 일종의 문화로 자리 잡은 콘셉트입니다. 2019년 12월 개발자를 대상으로 한 설문에서 응답자의 85.9%가 현재 업무에 애자일이 적용된다고 답했습니다.[21] 애자일은 급변하는 디지털 세계에서 기업의 성패를 가르는 새로운 트렌드로, 우리나라 말로는 '기민한'이라는 뜻을 가지고 있습니다. 쉽게 말해 민첩한 자세로 급변하는 시장, 즉 소비자의 트렌드에 맞춰 변화할 수 있어야 한다는 의미이며 동시에 3차 산업 중심에서 4차 산업 혁명으로 산업 체계가 전환한다는 것을 의미합니다. 디지털 트랜스포메이션의 대응책으로 활용되고 있는 것이 바로 애자일입니다.

이번 장에서는 애자일이 기업에서만 사용해야 할 것이 아니라, 메타버스를 활용해 개인도 습득하고 체화해야 할 문화이자 역량으로 소개하고자 합니다. 이에 앞서, 디지털 트랜스포메이션으로 일어난 환경의 변화부터 이해해야 합니다. 디지털 대전환이란 전제가 있었기에 애자일 기법 및 프로세스가 IT 외의 여러 분야에서도 대두되었기 때문입니다. 지난 20년

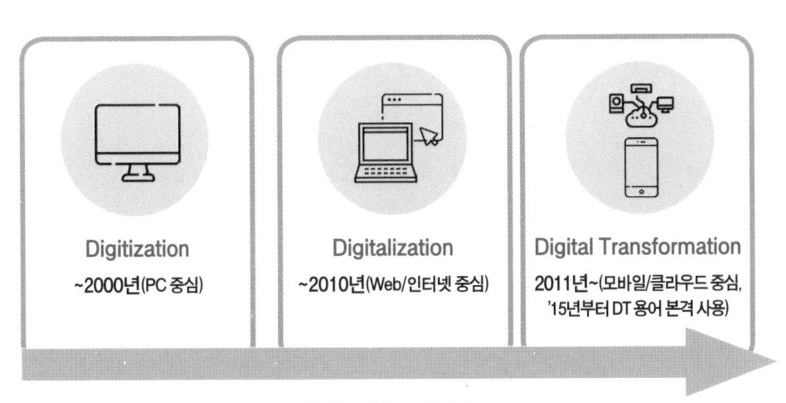

디지털 트랜스포메이션

간에 거쳐 일어나 3단계의 디지털화로 인해 기존 시장 혹은 산업 전반의 시스템은 무용지물이 되었고, 사회 전반부터 산업 구조가 급변했습니다. 우리를 둘러싼 사회, 경제, 기술적 환경 변화의 크기가 거대하고 그 속도 또한 급격히 빨라지고 있습니다.

디지털 대전환은 2000년대 PC 중심으로 대부분 영역에서 전산화를 완료한 것을 뜻합니다. 이로써 정보의 데이터화가 이루어졌다고 할 수 있습니다. 이후 2010년까지 초고속 인터넷망이 깔리면서 정보 통신 기술을 활용한 프로세스 중심의 운영 혁신이 일어났습니다. 업무 효율화 및 비용 절감을 위해 디지털화가 가속화되었던 것입니다. 현재 시점에 해당하는 디지털 대전환은 클라우드 컴퓨팅*을 비롯한 이동 전화의 대중화로 모든 영역에서 혁신이 일어나는 것을 말합니다. 엄청난 양의 데이터를 바탕으로 신규 고객을 새로이 확보하고, 이전과는 비교할 수 없는 매출을 확보하게 됩니다. 이것이 가능한 것은 인터넷을 바탕으로 한 빅데이터 및 클라우딩 컴퓨팅이 이루어낸 새로운 시장의 도래 덕분입니다.22

디지털 트랜스포메이션과 애자일

2014년 비지니스 컨설팅 회사인 알티미터Altimeter는 디지털 전환을 두

---

* 클라우딩 컴퓨팅은 인터넷의 서버에 정보를 저장하여 여러가지 IT기기 (스마트 폰, 노트북, 태블릿, 데스크 톱 등) 에서 같은 정보를 활용할 수 있는 컴퓨팅 환경을 지칭한다. 회사, 관공서, 학교 등에서도 이러한 클라우드 컴퓨팅을 통해 서버에 공통의 정보를 올려놓고 허가된 사용자들이 각각의 정보에 접근할 수 있는 환경을 구축했다.

고 "고객이 경험할 수 있는 모든 접점에서 디지털에 익숙해진 고객을 효과적으로 연계하기 위한 기술 및 새로운 비즈니스 모델에 대한 투자와 재구성 과정"이라고 정의했습니다.23 또 유명 블로거이자 디지털 미디어 컨설팅 회사의 창립자 닐 퍼킨Neil Perkin과 컨설턴트이자 빅데이터 분석을 활용한 비지니스 플랫폼 회사의 공동 설립자 피터 아브라함Peter Abraham은 저서에서 디지털 대전환을 (모든 영역에서 모바일과 클라우딩 컴퓨팅으로 인해) 세상이 디지털 방식으로 작동하고 있는 가운데, 비지니스를 성공시키기 위해 기업의 자원과 우선순위 그리고 프로세스를 전환하고 재창조해야 한다고 주장합니다24

산업의 급격한 변화, 디지털 트랜스포메이션은 기술, 사회, 문화 등에서 급격하게 일어났으며 현재도 일어나고 있습니다. 이에 기민하게 대응하기 위해 애자일 접근법이 미래의 문을 여는 키로써 주목받는 것입니다. 애자일은 기존의 전통 경영과는 매우 다른 속성을 갖습니다. 먼저 최근 기업들의 디지털 전환으로 기업이 변화하며 나아가고 있습니다. 예를 들어 전통적인 제조업 분야의 자동차 기업들이 포지셔닝을 바꾸고 있습니다. 현대자동차는 애플과의 새 전기차 기술 협업을 선언했습니다. 제너럴 모터스는 프레딕스라는 산업 인터넷 소프트웨어를 개발했고, 마이크로소프트와 제휴를 맺어 프레딕스를 마이크로소프트의 클라우드 서비스에서 구동하기에 이르렀습니다. 이제 산업 간의 경계가 모호해지고 있으며 대부분의 산업에는 디지털화 및 자동화로의 변화가 일어나고 있습니다. 또 수십 년의 역사를 자랑하는 전통적인 기업들도 새로운 협업과 디지털화에 사활을 걸고 있습니다. 50년 업력의 월마트 시가 총액이 아마존과 에어비앤비에 추월을 당한 건 이제 놀라운 뉴스가 아닙니다. 결국, 기존의 산업화 시대에 걸맞는 사업들도 디지털 트랜스포메이션을 해내야 하는 시대가 되었습니다.

이러한 예처럼 기존에 만들어오던 산업 시대의 제품에서 디지털 제품으로의 변화는 물론이고 회사를 운영하는 경영 시스템과 인재 관리까지 모든 면에서 디지털 대전환이 일어나고 있는 것을 DT Digital Transformation 혹은 DX 현상이라고 합니다.

회사의 구조는 여러 부서와 팀이 피라미드 형태로 되어 있으며, 서로 유기적으로 연결되어 있습니다. 이제 이 모든 부서 회계, 전략, 경영, 마케팅, 심지어 HR 인사 부서까지도 이러한 디지털 대전환으로 바뀌게 됩니다. 이것이 제대로 수행되지 않을 때는 지금의 4차 산업 구조를 따라가기가 힘들어질 수밖에 없기 때문입니다. 이때 필요한 자세가 바로 애자일입니다. 급변하는 세상에 대응하기 위한 조직은 신속한 변화로 맞대응 하기 위해 애자일이 주목받을 수밖에 없습니다.

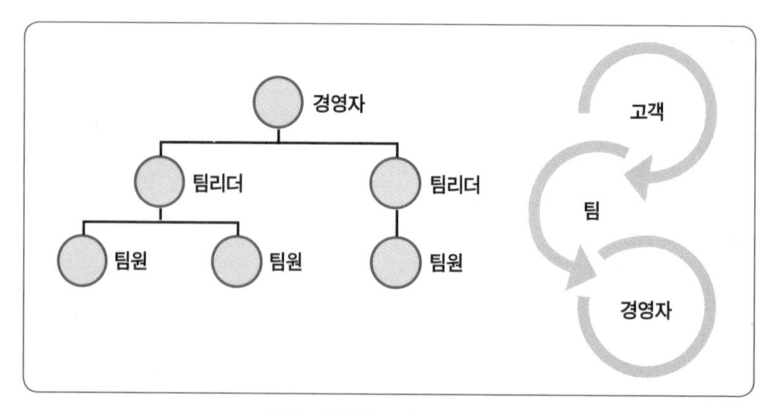

기존 관료주의적 조직 vs 애자일 조직

위 그림에서 볼 수 있듯이 왼쪽은 관료주의적인 조직으로 내부에 집중하는 구조이며 고정된 사고방식에서 같은 업무를 수행하는 것에 최적화되어 기존의 이익이나 수익구조를 방어하는데 초점을 맞추고 있습니다. 반면 오른쪽 애자일 조직은 새로운 이익을 창출하기 위해 외부, 즉 고객에게 집중할 수 있는 시스템으로 효율적인 성장형 사고방식에 초점을 맞추고 있습니다. 또한 고객에게 그들이 구현하려는 아이디어의 가치를 전달하고 소통하기에 적합한 구조이죠.*

디지털 전환을 위한 애자일 경영에서는 고객 중심의 혁신이 가능해지고 아이디어 반영과 평가, 사용화가 민첩하고 가볍게 진행될 수 있어야 합니다. 지속적 테스트와 재배포가 가능한 애자일 프로세스는 또한 강력한 실행력과 변화에 유연한 전략 수립에 집중할 수 있어야 합니다. 또한 빠른 의사결정 과정을 통한 유연한 체계 구축으로 자율적이면서도 전문적인 조직이 되어야 합니다.3

애자일 기법이 주목을 받는 이유는 바로 소비자 중심으로의 전환이 동시에 일어나고 있기 때문입니다. 디지털 전환, 즉 디지털 트랜스포메이션은 우리의 시장에도 변화를 가져왔습니다. 소비자의 목소리가 더욱 커졌습니다. 그들의 힘이 증가한 것입니다. 소비자 주도로의 전환이 일어난

* 애자일적인 태도를 제대로 습득한다면 고객 혹은 사용자 중심으로 변화되어 팀내 시스템이나 이전 성공에 의존하지 않고 계속해서 변화될 준비를 가지게 된다. 한번 애자일적인 문화가 체득되었다면 디지털 대전환에 맞게 어떻게 일을 성사시키는지 시장과 어떻게 상호작용해야 하는지 이해할 수 있는 남다른 방법을 공유하게 된다. 애자일은 완전히 다른 세상을 이해하게 되는 것이고 그 다른 세상과 교류하는 것을 뜻한다. 어떤 툴과 프로세스를 사용하는지는 그다지 중요하지 않고, 애자일 사고방식은 일을 성사시키는 것에 집중하는 것이 핵심이다.

것입니다. 물건이 대량 생산되던 과거와 달리 이제는 다양한 물건을 소비자에게 맞게 생산하는 추세로 변화했습니다. 이는 온디맨드ondemand 관점, 그러니까 소비자의 필요에 맞게 맞춤형 서비스를 제공하는 것이 디지털 전환을 통해 가능해진 덕분입니다. 애자일은 소비자의 필요에 따라 즉각적으로 반응할 수 있는 조직 시스템을 갖추는 것입니다.

지금까지 산업을 지배하는 기업의 구조는 이와 정반대였습니다. 시대 변화가 이렇게 빠른데 기존의 경영진은 이 변화에 적응하지 못하였고 여러 단계의 결정권자의 결제 없이는 프로젝트 진행이 가능 하지 않기 때문입니다. 이러한 피라미드 형태의 구조는 좋은 아이디어들을 필터링filtering하고 묵살하기 쉽습니다. 예전과 달리 빠르게 변화하고 적응해야 하는 기업 경영 상황에서 이러한 구조는 도태될 수밖에 없습니다. 결국, 여러 기업에서 애자일적 경영에 열광하는 이유는 빠른 결정 능력을 갖춰야만 생존할 수 있기 때문입니다.

애자일의 탄생

애자일은 스티븐 골드만Steven Goldman, 로저 나겔Roger Nagel, 케니스 프리스Kenneth Preiss의 《애자일 경영업체와 가상조직》을 읽은 17명의 개발자들이 2001년 유타 주의 스노우버드에 모여 발표한 '애자일 소프트웨어 개발을 위한 성명'에서 출발합니다. 12개의 운영 원리로 구성된 이 성명은 '문서보다는 작동하는 소프트웨어', '계획의 고수보다 변화에 대한 대응' 등을 내세우는데, 결국 핵심은 '단순화' 입니다. 이때 모였던 참가자들은 온라인에 이 12가지 강령을 포스팅하고 여러 추종자들을 두게 됩니다. 이렇게 확산한 애자일은 2016년 하바드 비지니스 리뷰Harvard Business Review에 〈애자일 도입하기〉 기고문으로 더 넓은 영역으로 확산하게 됩니다.*

다음은 애자일 소프트웨어 개발 선언문입니다. 애자일은 소프트웨어 개발을 위해 도입되었지만 여러 분야에 활용되고 있는 만큼 전문을 읽어보면서 애자일 철학에 대해 생각해 보시기 바랍니다. 사실 2001년 유타주의 스노우드의 성명 이전부터 애자일에 대한 추구는 계속되어 왔습니다. 1990년대 소프트웨어 기업 이젤의 제프 서더랜드Jeff Sutherland에 의해서 스크럼Scrum이라는 접근법이 생겼습니다. 이는 미식축구에서 고안해낸 것으로 원래 공을 차지하기 위해 선수들이 머리를 땅을 향하고 하나의 형태로 맞대는 것을 의미합니다. 이젤에서 오랫동안 판매하던 시제품을 대체할 신제품을 6개월 만에 만들어 내야 했는데, 이 불가능해 보이는 프로젝트를 진행하기 앞서, 서더랜드는 여러 논문을 참고**하여 스크럼 방식을 고안해 냅니다. 그리고 1995년 그의 오랜 동료 켄 슈와버Ken Schwaber와 함께 스크럼 방식을 체계적으로 정리해 대중 앞에 소개하였습니다.***

---

* 이 리뷰에서는 미국 공영 라디오의 새로운 프로그램과 사브SAAB의 그리펜 제트기가 애자일 접근법으로 탄생했다고 발혔다.

** 서더랜드가 참고한 논문들은 스크럼과 비슷한 아이디어들로1986년 하버드 비지니스 리뷰에 소개된 〈The New New Product Developement Game〉에서 시작해 그 후 1991년 디그라스DeGrace와 슈탈Stahl의, 〈Wicked Problems, Righteous Solutions〉에서 처음으로 스크럼이 언급되었다. 1995년 서더랜드는 동료인 켄 슈와버와 대중에게 스크럼을 소개하면서 최초로 명명되었다.

*** 스크럼은 애자일 경영 방식 중 하나로 조직과 고객 사이에서 제대로 된 소통을 이루는 것이 목적이다. 팀원 개개인을 존중하고 끈끈한 유대 관계를 바탕으로 팀을 운영한다. 스크럼을 수행할 때의 리더는 단순히 회사의 상사가 아니라 스크럼 방식을 수행하는 데 방해물을 제거하고 필요한 자원을 가져오고, 팀원들이 집중과 창의력을 유감없이 발휘하도록 돕는 역할을 하는 존재다.

https://agilemanifesto.org/

애자일 소프트웨어 개발 선언

우리는 소프트웨어를 개발하고, 또 다른 사람의 개발을
도와주면서 소프트웨어 개발의 더 나은 방법들을 찾아가고 있다.
이 작업을 통해 우리는 다음을 가치 있게 여기게 되었다:
공정과 도구보다 개인과 상호작용을
포괄적인 문서보다 작동하는 소프트웨어를
계약 협상보다 고객과의 협력을
계획을 따르기보다 변화에 대응하기를 가치 있게 여긴다.
이 말은, 왼쪽에 있는 것들도 가치가 있지만,
우리는 오른쪽에 있는 것들에 더 높은 가치를 둔다는 것이다.

Manifesto for Agile Software Development

We are uncovering better ways of developing
software by doing it and helping others do it.
Through this work we have come to value:
Individuals and interactions over processes and tools
Working software over comprehensive documentation
Customer collaboration over contract negotiation
Responding to change over following a plan
That is, while there is value in the items on
the right, we value the items on the left more.

Kent Beck
Mike Beedle
Arie van Bennekum
Alistair Cockburn
Ward Cunningham
Martin Fowler
James Grenning
Jim Highsmith
Andrew Hunt
Ron Jeffries
Jon Kern
Brian Marick
Robert C. Martin
Steve Mellor
Ken Schwaber
Jeff Sutherland
Dave Thomas

애자일 선언 이면의 원칙

우리는 다음 원칙을 따른다:

우리의 최우선 순위는, 가치 있는 소프트웨어를
일찍 그리고 지속적으로 전달해서 고객을 만족시키는 것이다.

비록 개발의 후반부일지라도 요구사항 변경을 환영하라.
애자일 프로세스들은 변화를 활용해 고객의 경쟁력에 도움이 되게 한다.

작동하는 소프트웨어를 자주 전달하라.
두어 주에서 두어 개월의 간격으로 하되 더 짧은 기간을 선호하라.

비즈니스 쪽의 사람들과 개발자들은 프로젝트 전체에
걸쳐 날마다 함께 일해야 한다.

동기가 부여된 개인들 중심으로 프로젝트를 구성하라.
그들이 필요로 하는 환경과 지원을 주고 그들이 일을
끝내리라고 신뢰하라.

개발팀으로, 또 개발팀 내부에서 정보를 전하는 가장
효율적이고 효과적인 방법은 면대면 대화이다.

작동하는 소프트웨어가 진척의 주된 척도이다.

애자일 프로세스들은 지속 가능한 개발을 장려한다.
스폰서, 개발자, 사용자는 일정한 속도를 계속 유지 할 수 있어야 한다.

기술적 탁월성과 좋은 설계에 대한 지속적 관심이 기민함을 높인다.

단순성이 -- 안 하는 일의 양을 최대화하는 기술이 -- 필수적이다.

최고의 아키텍처, 요구사항, 설계는 자기 조직적인 팀에서 창발한다.

팀은 정기적으로 어떻게 더 효과적이 될지 숙고하고,
이에 따라 팀의 행동을 조율하고 조정한다.

Principles behind the Agile Manifesto

We follow these principles:

Our highest priority is to satisfy the customer
through early and continuous delivery of valuable software.

Welcome changing requirements, even late in
development. Agile processes harness change for
the customer's competitive advantage.

Deliver working software frequently, from a
couple of weeks to a couple of months, with a
preference to the shorter timescale.
Businesspeople and developers must work
together daily throughout the project.
Build projects around motivated individuals.
Give them the environment and support they need,
and trust them to get the job done.
The most efficient and effective method of
conveying information to and within a development
team is face-to-face conversation.
Working software is the primary measure of progress.
Agile processes promote sustainable development.
The sponsors, developers, and users should be able
to maintain a constant pace indefinitely.
Continuous attention to technical excellence and
good design enhances agility.
Simplicity--the art of maximizing the amount of work
not done--is essential.
The best architectures, requirements, and designs
emerge from self-organizing teams.
At regular intervals, the team reflects on how
to become more effective, then tunes and adjusts
its behavior accordingly.

© 2001, 상기 저자들. 이 선언문은 어떤 형태로든 자유로이 복사할 수 있지만,
본 고지와 함께 전문으로서만 가능하다.

애자일을 실현하기 위한 디자인 씽킹

디자인 씽킹은 경영 전선에서 활용되는 하나의 문제 해결 방식으로, 애자일*을 실행하기 위한 방법론으로 적용될 수 있습니다. 디자인 씽킹의 핵심은 사용자를 관찰하고 이를 바탕으로 문제를 정의하며, 이를 해결하는 데 필요한 요소들을 정의하는 것입니다. 디자인 씽킹을 가장 먼저 제시한 곳은 아이디오ideo** 로 사용자 경험 중심의 디자인을 위해 5단계의 디자인 씽킹 방법을 제시했습니다.

문제와 필요가 잘 정의되었다면 이를 바탕으로 아이디어 도출의 시간을 갖습니다. 이때에는 정말 자유롭게 흥미로운 모든 아이디어들을 다 모읍니다. 이 아이디어들을 다시 정의되었던 요소들에 비추어 실현 가능한지를 다지면서 디자인 원리를 만들어냅니다. 이후 프로토타입*** 을 만들어 실험하고 다시 관찰해 데이터를 수집하며, 수정사항을 선택한 뒤 다시 구현하고 리서치 하는 과정을 가지면서 아이디어 표출과 수

* 디자인 씽킹은 소비자의 요구에 초점을 맞춘 개발 방식으로 기술적 구현 가능성은 고려하되 인간 중심 즉 사용자 중심의 디자인 기법이다. 이는 일차원적으로는 2D, 즉 UI User Interface(사용자 인터페이스) 디자인과 사용자 행동 디자인, 또 큰 디지털 서비스를 비롯한 사업과 사회적 이슈에 대응하기 위하여 광범위하게 활용되고 있다.

** 디자인 컨설팅 회사로 초기 애플의 마우스 개발에 참여하였고 최초로 사용자 중심의 디자인을 강조하면서 전세계적으로 혁신을 일으킨 디자인을 개발했다.

*** 원래의 형태라는 뜻을 내포하며 시제품 혹은 완성품이 나오기 전 단계에서 제품의 원형으로 개발한 것을 의미한다. 제품의 디자인과 시스템, 양산을 검증하기 위해 개발 비용과 시간이 비교적 짧은 모형으로 만든 것이다. 모든 검증을 거친 후 보완하여 시제품 혹은 완성품이 될 수 있다. '정보 시스템의 미완성 버전 또는 중요한 기능들이 포함되어 있는 시스템의 초기 모델'이라는 의미가 내포되어 있다. 프로토타입의 어원의 원초적 형태라는 뜻의 그리스어 낱말 프로토타이폰πρωτότυπον에서 유래했다.

렴을 반복하는 가운데 선택지가 좁혀집니다.* 이 과정을 통해 최선의 선택을 찾아내는 과정입니다. 25

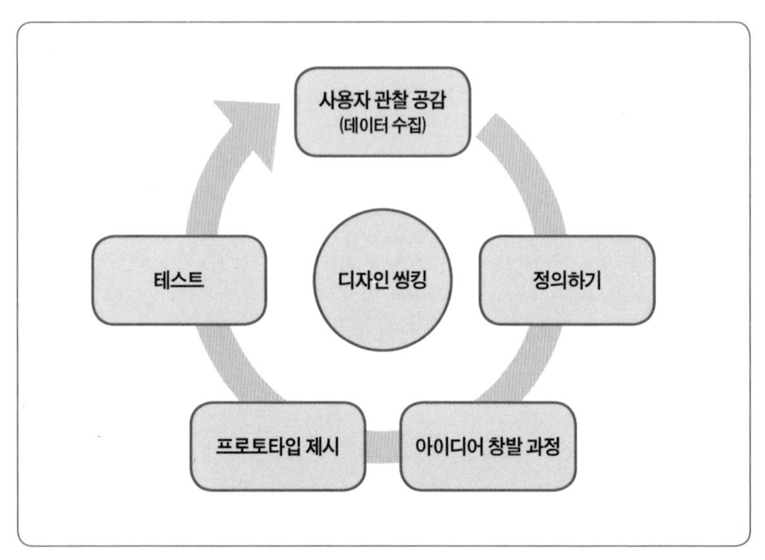

디자인 씽킹을 위한 과정으로 이는 한 번에 끝나는 것이 아니라 반복적으로 수행

이러한 과정을 멈추지 않고 계속해서 아이디어를 정제하고 시도하는 과정이 애자일적 프로세스입니다. 각각의 디자인 씽킹적 접근이 가능한 가운데 전체적인 애자일이 가능합니다. 다음 장 그림에서 설명하는 것은 디자인 씽킹이 접목된 애자일 프로젝트의 주기입니다. 특히

* 린Lean 이란 모든 종류의 시스템 제조부터 컴퓨터 소프트웨어 시스템의 개발에 있어 낭비를 없애기 위해 제시된 방법론이다. 이는 애자일과 스크럼과 함께 본질적인 문제 혹은 본질적인 가치에 집중하기 위해 고안된 방법론으로 디자인 씽킹을 하는 과정에서도 항상 명심해야 할 태도이다.

나 디자인 씽킹에서 발생하는 백로그backlog*를 바탕으로 스프린트sprint**를 활용하여 1주에서 4주 만의 주기로 서비스를 업데이트하거나 재개발하는 것이 가능해지는 것을 의미합니다. 정식 출시된 앱은 고객이 만들어내는 백로그를 바탕으로 수정 및 보완이 가능하기 때문에 베타 버전 출시는 사용자 중심의 디자인에서 필수적인 테스트이자 데이터 수집 과정입니다.

애자일을 통한 디지털 대전환은 개발 분야 혹은 경영에만 국한된 것이 아닙니다. 앞에서 설명했듯 회계, HR, 전사적 자원 관리ERP 등등 회사를 구성하는 모든 영역에서 생각해볼 문제입니다. 아래 그림에서 육면체는 회사를 상징하는 것이고 회사가 운영되기 위해서 필요한 모든 영역이 전산화를 거쳐 고객이 만들어낸 백로그 데이터를 바탕으로 예측 실험(시뮬레이션) 등을 비롯한 준비가 가능해집니다. 이때, 기업이 진행해온 프로젝트로 인해 백로그 또한 취합이 가능하며 시뮬레이션 파트에서 설명한 바와 같이 SQL을 활용하여 수많은 데이터에서 성과 등을 예측하여 예산과 전략을 수립할 수 있습니다.***

---

* 처리하지 못하고 쌓여 있는 일 정도를 뜻한다. 소프트웨어 개발 측면에서는 정보 시스템이 가지는 사용자 부분의 시스템 요구로 인해 쌓인 데이터를 뜻한다.

** 스프린트는 기능에 대한 기획, 개발 테스트, 기능 완성을 해내는 방식으로 여러 IT 기업에서 몇 주라는 짧은 주기를 설정하고 집중적으로 스크럼을 수행하여 단거리 전력 질주의 형태로 몰입하여 업무를 완성해 내는 수행 방식이다.

*** 린 스타트업은 시장의 리스크와 초기 비용을 줄일 수 있는 방법으로 기업이 창업 초기에 고객의 요구를 탐구하는 데 집중하는 과정을 반복적으로 수행할 때 성공적인 제품을 만들 수 있고, 이로 인해 성공적인 시작을 할 수 있다.

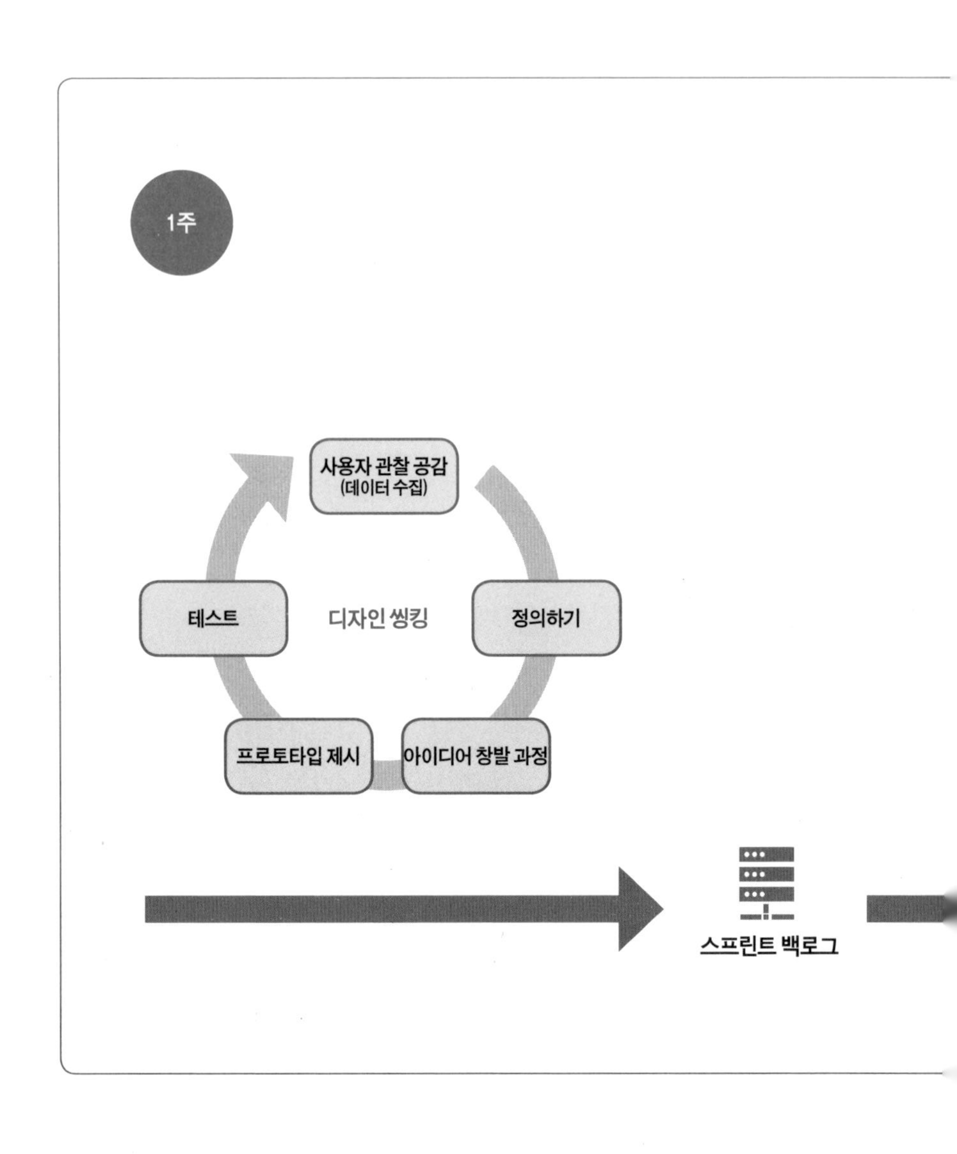
1주
사용자 관찰 공감
(데이터 수집)
테스트
디자인 씽킹
정의하기
프로토타입 제시
아이디어 창발 과정
스프린트 백로그

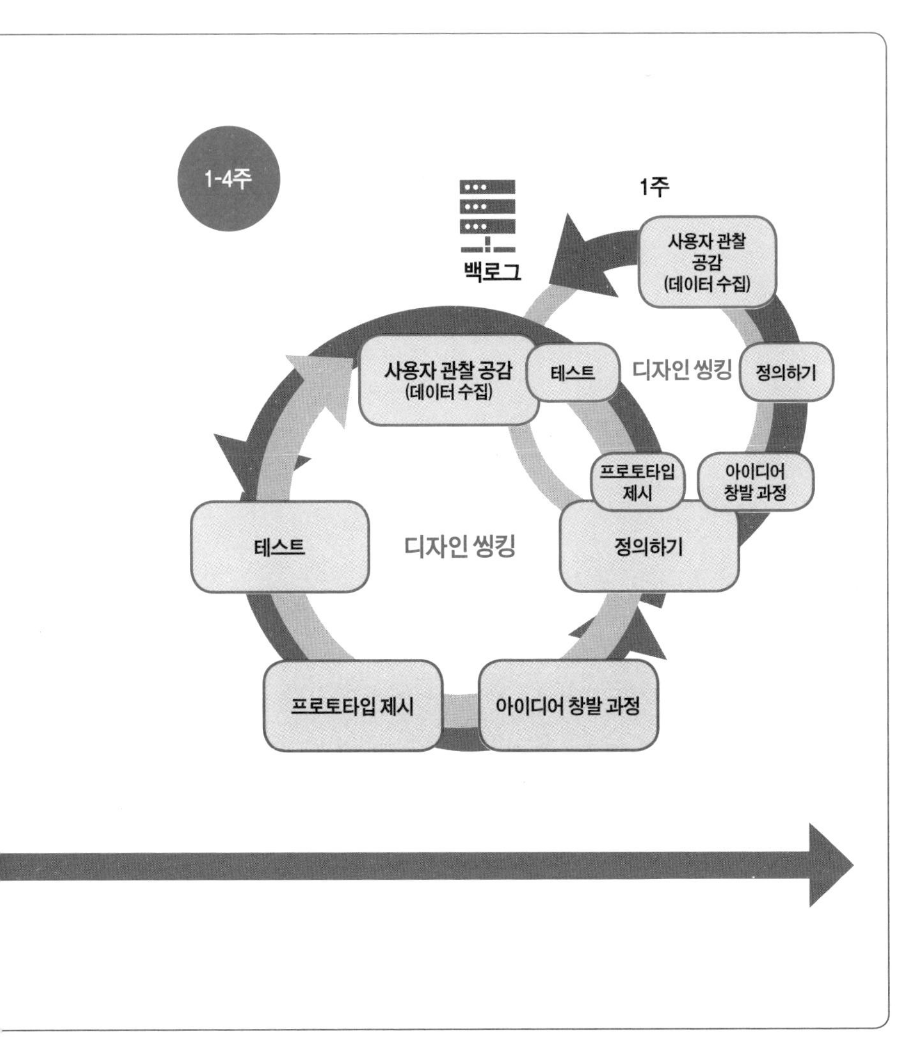

애자일 방법론과 스크럼 그리고 스프린트 과정

현재 IT 기업 등에서 애자일, 스크럼, 그리고 스프린트 방식을 제대로 수행하기 위해 사용하는 대표적인 소프트웨어로 지라Jira 소프트웨어를 들 수 있습니다. 이러한 앱이나 소프트웨어를 활용하여 애자일 방법론을 실행하여 혁신적으로 일할 수 있는 발판을 마련해주고 있습니다.

성장 마인드셋 vs. 고정 마인드셋

한편, 애자일 경영은 조직에만 해당하는 것이 아닙니다. 개인에게 적용되는 말로는 마인드셋 이론에 등장하는 성장 마인드셋Growth mindset이 있습니다. 이와 반대되는 개념은 고정 마인드 셋Fixed Mindset입니다. 스탠퍼드대 심리학과 교수이자 《마인드셋》의 저자인 캐롤 드웩Carol Dweck 교수는 성장 마인드셋', '고정 마인드셋' 이론을 제시했습니다.

고정 마인드셋은 인간의 능력이 태어나면서 정해져 있고 변하지 않는 역량이라고 인식하는 것입니다. 반면 성장 마인드셋은 전략적 노력이나 훈련에 의해서, 또한 다른 이의 도움에 의해 인간의 능력이 향상할 수 있다는 인식입니다. 지금까지 비주얼라이제이션과 시뮬레이션을 통해 설명한 것은 우리의 뇌는 가소성을 가지므로 얼마든지 성장이 가능하다는 것입니다. 애자일적 태도가 빠른 속도와 저렴한 비용만을 뜻하는 것은 아닙니다. 애자일은 효율성보다는 효과성에 목표를 두어야 합니다. 효과성에 목표를 두기 위해서는 소비자 중심과 성장 마인드셋을 바탕으로 '성장'에 초점을 맞춰야 합니다.

영화 〈슈퍼맨〉 시리즈로 유명한 배우 크리스토퍼 리브Cristopher Reeve는

1995년 낙마 사고를 당했습니다. 목뼈가 부러지고 척수가 끊어져 목 아래 신경이 완전히 마비되는 지경에 이르렀습니다. 하지만, 리브는 죽음을 무릎 쓴 정신력으로 전기 자극의 도움을 받는 재활 훈련을 하고 5년 뒤 차차 팔과 다리, 몸통을 움직일 수 있게 되었습니다. 그의 사례는 이후 모든 척수 환자들과 관련 연구에 새로운 희망이 되었습니다. 농구선수 마이클 조던 또한 성장 마인드 셋을 효과적으로 활용한 운동선수입니다. 흔히 대중들에게 '슈퍼맨', '인간의 모습을 한 신神'으로 불렸던 그는 사실 날 때부터 잘난 사람이 아니었습니다. 학창 시절 선수로 선발되지 못한 충격에 매일 아침 6시부터 새벽 훈련을 했고 슛을 보완하기 위해 코치조차 놀랄 정도로 연습을 했습니다. 스스로를 넘어서는 강인한 정신력으로 분투하고 성장한 '만들어진 천재'였습니다.

그런가 하면 잭슨 폴록Jackson Pollock은 헌신적인 노력으로 현대 미술사에 한 획을 그은 인물입니다. '타고난 재능이 거의 없었다'고 평가받는 폴록은 굴하지 않고 항상 생활에서 예술을 생각하고 실천하는 자세로 살았습니다. 진지했던 그의 태도에 주변에서는 점차 그를 눈여겨보기 시작하고 재정적 지원까지 받게됩니다. 물감을 끼얹은 독특한 추상화가 뉴욕 현대미술관에 걸려 있기까진 그의 이 같은 발전적인 성장 마인드셋 사고가 있었던 것입니다.

마인드셋 이론은 한 개인을 넘어 조직이나 집단 전체의 행동 개념으로 확장될 수도 있습니다. 《포춘》 선정 500대, 1,000대 기업을 대상으로 조사한 바에 따르면 성장 마인드 셋을 가진 기업은 신뢰도, 주인 의식, 헌신도 등이 높았고 직원들의 노력을 극대화할 수 있는 '발전형 문화'를 취합니다. 반대로 고정 마인드셋을 갖는 회사는 가혹하고 비윤리적인 일들이 자주 벌어진다는 데에 동의하는 경우가 많았고 직원들을 재능을 '가진 자'와 '없는 자'로 구분하는 '천재형 문화'를 띠고 있었습니다.26

경계를 무너뜨리는 탐구와 시도

애자일 방법을 추구하기 위해서는 새로운 관점을 가져지고 끊임없이 탐구하고 시도하는 태도를 가져야 합니다. 새로운 관점을 통해 산업 간뿐만 아니라 기존에 존재하던 모든 종류의 경계를 파괴하는 것이 바로 끊임없는 탐구이자 시도하는 태도입니다. 현 상태에서 만족하는 것이 아니라 다음 아이디어를 발굴하고 또 계속해서 시나리오 기반으로 아이디어를 정제해 나가는 활동이 필요합니다. 또한 일회성으로 이러한 아이디어의 개발에서 멈추는 것이 아니라 시스템을 구축하는 것이 중요합니다. 이때 도움이 되는 전략적 질문을 소개하고자 합니다.

이는 다이치 오노*가 토요타 웹사이트에 기재한 〈모든 문제에 대해서 왜라고 5번 질문하라〉라는 글에서 소개된 것으로 심도 있게 질문을 발전시켜 제대로 된 근본 원인을 찾는 효과적인 방법입니다. 이는 토요타 생산 시스템의 설계자인 다이치 오노가 토요타 제조 과정의 문제를 해결하기 위한 질문법으로 최초로 사용했습니다.

---

*다이치 오노는 1932년 토요타 방직 회사에서 일을 시작하여 1943년 도요타 자동차의 생산 감독자로서 엔진 생산 공장을 경영하기 시작했다. 그는 미국과의 경쟁에서 우위를 차지하기 위해 개발된 토요타 생산 방식(TPS)의 개념, 목적, 방법론을 구체화한 TPS의 아버지로 인정받고 있다. 이때 5whys또한 함께 구체화되었다.

- 로봇은 왜 멈췄습니까?
  ⇨ 회로에 과부하가 걸려 퓨즈가 끊어졌습니다.
- 왜 회로에 과부하가 걸립니까?
  ⇨ 베어링에 윤활유가 충분하지 못해 잠겼습니다.
- 베어링에 윤활유가 부족한 이유는 무엇입니까?
  ⇨ 로봇의 오일펌프가 충분한 양의 오일을 순환시키지 못하고 있었습니다.
- 펌프가 충분한 양의 오일을 순환시키지 않는 이유는 무엇입니까?
  ⇨ 펌프 흡입구가 금속 부스러기로 막혔습니다.
- 흡기구가 금속 부스러기로 막히는 이유는 무엇입니까?
  ⇨ 펌프에 필터가 없기 때문입니다. 27

5번의 '왜' 질문을 통해 가장 본질적인 문제에 도달하게 됩니다. 이러한 본질적인 문제에 도달했다면 여기서부터 다시 생각해야 합니다. 이러한 방식은 기존의 체계에 순응하는 것이 아니라 경계를 파괴하며 완전히 새로운 탐구와 시도를 가능하게 만듭니다.

변화 부족 vs. 변화 과다

다만 주의할 것은 변화 부족 또는 너무 과도한 변화가 문제가 될 수 있습니다. 지금과 같은 디지털 대변혁의 시대에서 변화의 부족은 기업 생존의 큰 위협이 됩니다. 이전 산업화 시대에 발전한 대기업의 경우 변화에 대한 민감도는 낮을 수밖에 없습니다. 이것은 기업의 수명을 단축하는 가장 큰 원인으로 고려되고 있습니다. 1950년대의 S&P 500 기업 평균 수명이 60년이었던 것에 비해 현재는 40년으로 급속히 줄었습니다. 2027년에는 이것이 12년으로 줄어들 것으로 예측됩니다. 이러한 예로 코닥*, 폴라로이드, 블록버스터, 토이저러스, 제록스를 비롯한 기존 산업 체계에 머물렀던 대형 기업들은 쇠락의 길로 들어섰습니다.28

반면 극단적인 변화가 시스템 상실을 일으키는 변화 과다가 있습니다. 근본적인 시스템 구축이 완전화되기 전 섣부른 확장 및 성장으로 인해 균형을 잃어버린 것입니다. 실제로 급성장한 기술 기업 3,200곳을 연구한 결과, 과도한 변화와 시스템 부족을 신생 기업의 실패 원인으로 분석됐습니다. 이 연구에서 스타트업은 시장의 검증이 평균적으로 예상보다 두 배 이상이 걸린다고 밝혔습니다.29

스타트업뿐만 아니라 대기업에서도 이러한 과도한 변화가 무질서한 시스템을 만든 사례가 있습니다. 결국 우리는 이 둘의 최적 균형점인 '스위트 스폿sweet spot'을 찾아야 합니다. 최적 균형점을 찾기 위해서는 시뮬레이션 파트에서 설명한 비용과 수익을 제대로 추산할 수 있는 능력이 필요합니다.

'빨리빨리' 문화에서 찾은 애자일

지금까지 살펴본 애자일의 정의와 시작, 그리고 여러 특징 중 애자일의

---

* 1990년대 코닥은 파산 위기를 피하지 못해 특허들을 고작 2,500달러에 여러 IT 기업에 매도했다. 이 파산은 1990년대에 이르러 디지털 카메라의 보급으로 필름의 판매가 부진한 것이 원인이 되어 시작되었다.

정수는 바로 실패를 통해 배워 성장하는 자세로 축약할 수 있습니다. 이는 문제 해결에 대한 관점이 기존과 다름을 나타냅니다. 빠르게 실패하고 기민하게 전환하는 태도를 갖는 것입니다. 한국 사람은 다른 나라 사람보다 애자일이라는 체계에 잘 맞습니다. 그 이유는 우리나라의 성장 과정을 볼 때 쉽게 이해하게 됩니다.

1990년대의 한국은 빨리빨리 문화가 지배하고 있었습니다. 88 서울 올림픽 유치 후 우리나라가 아직도 후진국에 머무는 이유를 이 빨리빨리 문화에서 기인했다고 생각하는 경우가 많았습니다.* 외국인이 우리나라에 와서 가장 큰 인상을 받는 단어도 바로 빨리빨리였습니다. 식당에 가도 빨리빨리, 어디를 가도 빨리빨리였으니까요. 그게 우리나라의 1990년대였습니다.

다른 나라에서는 몇 년이 걸려 끝낼 일들이 우리나라에서는 단기간에 급속도로 완성하는 게 비일비재했습니다. 시간을 끌면 여러 가지로 비용이 들었기 때문입니다. 이때 우리는 장인 정신을 가진 일본이나 유럽을 동경했습니다. 삼풍백화점과 성수대교 붕괴 사건의 원인이 빨리빨리 문화 때문이라고 보는 시각이 많았기 때문입니다. 그 당시 뉴스나 신문 사설에도 이런 관점이 많이 소개되었습니다.30 장인 정신을 가지고 100년을 바라보면서 하나의 기술을 연마하는 문화가 추앙받던 일본과는 달리 얼렁뚱땅 넘어가려는 한국은 아직 후진국이라 치부되었습니다.

* 1986년도까지는 개인의 해외 여행은 자유가 아니었다. 그만큼 국제적인 시각이 부족했다. 해외 여행이 자유화가 되고 올림픽을 유치하는 등 급속도의 성장을 경험하면서 세계가 우리나라를 주목하게 되었다.

그러나 빨리빨리 문화는 시간이 지나면서 우리나라가 일본과 다른 성장세를 나타내는 원동력으로 꼽힙니다. 2000년대 초반 한국은 다른 어느 나라보다 빠르게 전국구에 고속 인터넷망을 깔았고, 나아가 체계적으로 전 세계 문화를 빠른 속도로 흡수하고, 결국에는 모방을 통해 우리만의 문화를 만들어 내는 데 도달하게 되었습니다. 여기서 강조하고 싶은 것은 실패를 배움의 계기로 삼고 성장으로 전환해야 한다는 것입니다. 또한 절대 효율성만이 강조되어서는 안 되고 효과성에도 포커스를 잃지 않아야 합니다.

애자일 체계에서는 실수가 부끄러운 것이 아니라 자연스러운 것이며, 이를 통해 더 발전할 수 있습니다. 실수를 인정하고 조직과 공유하며, 합리적인 방향에서 재정비하고 앞으로 나아가는 모습이 핵심입니다.31 이는 앞서 설명한 메타 인지 학습법도 한몫 합니다. 시뮬레이션을 설명하면서 소개한 메타 인지는 애자일이 빨리빨리 문화처럼 효율성을 극대화하는 것이 아닌 실수와 약점을 제대로 분석하고 자신의 강점과 약점에 대한 객관화를 이룬다는 점에서 유사합니다.

가설 설정과 수정의 단계

애자일 마인드셋을 갖춘다는 것은 앞의 두 가지 역량, 비주얼라이제이션과 시뮬레이션을 통해 가설을 설정할 수 있다는 말이 됩니다. 제대로 된 비주얼라이제이션과 시뮬레이션을 통해 가설을 세우고, 애자일을 통해 이를 빠르게 실현하고 실패를 수정해 나가는 방식으로 전략을 세울 수 있습니다. 클라우제비츠Clausewitz는 《전쟁론》에서 "전쟁은 모호한 상황, 추상적인 가정, 미리 결정할 수 없는 불확실한 정보 속에서 이뤄집니다. 그러므로 전략은 당연히 전투 현장 속에서 수립되어야 합니다. 현장의 변화에 탄력적으로 대응하며 그 또한 창조적으로 변화시키는 것이 곧 전략입니다."라고 밝혔습니다. 메타버스 시대처럼 새로운 미래로 진입하는 상황은 전쟁 상황과 매우 비슷합니다. 이와 같은 기민한 태도로 미래를 준비하는 것이 중요합니다. 절대적인 전략이 존재하지 않기 때문에, 문제에 맞게 변모하면서 앞으로 나아가는 태도가 매우 중요한 것입니다.

최근 모바일 애플리케이션을 개발할 때, 예전과 달리 먼저 간단한 아이디어로 론칭부터 하는 경우가 많습니다. 바로 베타 버전입니다. 이 단계에서는 어느 정도 실수를 감안하고 빠르게 아이디어를 실현해 볼 수 있습니다. 이후 피드백을 통해 오류를 발견하여 수정하고 고쳐 나가는 과정을 통해 앱이 성장합니다. 디지털 트랜스포메이션과 동시에 사업 구조와 시장이 소비자 주도형으로 전환되었기 때문입니다. 소비자 중심의 구조에서 베타 버전은 이를 대변하는 대응 방식입니다. 베타 버전으로 앱을 출시할 경우 오류에 대한 사용자의 피드백을 얼마만큼 유연하게 처리하는지에 따라 이 앱의 성공 여부를 판단할 수 있으니까요.

예를 들어, 사용자로서 우리가 앱을 다운로드하려고 할 때 다른 사람들의 사용 평가를 읽어보는 것은 이제 너무나 당연한 과정입니다. 이때 이 피드백에서 단순히 '좋아요'로 도배가 돼 있다고 한다면 나쁘지 않을 것입니다. 하지만 어떤 스토리를 만들어낸다면, 즉 '문제가 있었는데 잘 해결되었다' 혹은 '사용자들의 의견이 반영되어 훨씬 좋아졌다'는 코멘트를 본다면 소비자들은 자신들의 의견이 묵살되지 않으리라 기대해 해당 앱을 구매하거나 다운로드하게 됩니다. 또한 다른 이들에게 추천도 할 수 있을 것입니다. 그뿐 만이 아닙니다. 이때 모인 피드백들은 앱을 만든 기업의 자산이 됩니다. 이를 통해 소비자의 마음을 읽을 수 있는 것입니다. 이제 창업에 있어서 소비자의 의견을 바로 받을 수 있는 구조를 갖는 것은 사업의 필수 성공 요소 중 하나가 되었습니다. 그래서 소비자의 데이터를 수집할 수 있는 플랫폼 기반으로 비즈니스를 구축해 무형의 자산으로서 활용합니다.

베타 버전이 아니더라도 버전 1, 버전 1.2 등으로 소소한 문제들을 해결하고 업데이트를 요청하는 것도 이 애자일적 측면에서 해석할 때 긍정적인 요소로 작용할 수 있습니다. 몇 년이 넘게 준비하여 하나의 킬링 앱을 준비하는 것보다 베타 버전의 서비스를 준비하여 고객의 반응과 변화에 대응하는 애자일적 측면이 가미된 서비스가 훨씬 안정적입니다. 단 너무 과한 실수나 무리하게 준비가 안된 서비스를 론칭하는 것은 피해야 할 것입니다. 앞서 설명한 디자인 씽킹 과정에서 밝힌 바와 같이 사용자와 현 상황에 대한 공감 능력 및 이해가 필요하기 때문입니다. 이때 필요한 역량이 바로 제대로 된 시각화와 시뮬레이션 능력입니다.

디지털 대전환의 결정체인 메타버스로 인한 사회 전반의 변화와 이로 인해 발생할 문제들을 해결하기 위해 조직이나 개인 모두 공간감이 가미된 입체적 사고를 해야 합니다. 앞 파트에서도 설명한 바 있는 입체적 시각화와 제대로 된 문제 인식은 복합적입니다. 직선적인 인과 관계가 아니라 더 복잡한 유기적 연관성을 파악해야 합니다.

다차원 세계로의 대전환

입체적 사고를 통한 시뮬레이션 역량에서 한발 더 성장하기 위해서는 다차원을 이해해야 합니다. 지금까지의 디지털 대전환과 코로나 팬데믹발 메타버스의 급격한 성장은 우리가 살아가는 세상이 3차원의 세계에서 다차원으로 변화되었음을 증명했습니다. 수학에서는 1, 2, 그리고 3차원에 대해서 이야기합니다. 차원이 다르면 공식 자체가 설명이 안 되고 문제를 풀 수 없기 때문에 차원을 정확히 이해해야 합니다. 최근에는 4차원 즉, 퀀텀Quantum에 대한 물리적 해석이 일반인에게도 많이 알려져 있습니다. 양자 물리학에서는 4차원의 가능성을 설명함에 있어 시간과 공간의 초월성을 말합니다.

사실 이 개념이야말로 메타버스 용어를 정확하게 설명하고 있습니다. 바로 초월적이고 다차원적인 세계가 현실 세계와 합쳐졌다는 것입니다. 현실 세계는 3차원입니다. 하지만 여러 가지 다양한 가상 세계가 이 현실 세계에 영향을 미칠 수 있다는 콘셉트가 바로 4차원, 메타버스입니다. 이제는 3차원 안에서만 시뮬레이션을 하는 것이 아니라 메타 버스가 현실 세계에 미치는 영향, 그리고 현실이 메타버스에 미치는 여러 가지 영향을 같이 생각해야 합니다.

물론 이러한 거대한 세상의 인식은 지금까지 존재한 적이 없습니다. 국제 정세에 밝은 사람들은 복잡하면서 서로 유기적인 국가간 질서에 관해 고민해야 합니다. 이러한 복잡한 관계를 이해하고 예측 및 해석하기 위해 자연계 물리학이 발달했습니다. 경제학의 끝은 수학자들과 물리학자들이 공식을 만들고 예측하는 것입니다. 나비 효과라는 이론은 나와 나비

한 마리의 날갯짓이 지구 반대편에 폭풍우를 일으킨다는 것처럼 작은 행동이 도화선이 되어 거대한 결과를 낳는다는 결론에 도달합니다. 그렇듯 다차원을 평범한 개인이 예측하기에는 무리가 있습니다. 다시 돌아가, 메타버스를 통해 다차원의 세계를 고려하면서 실패와 가설 수립을 끊임없이 반복하고 변화에 적응해 나간다면 이러한 통합적 예측 능력을 키울 수 있습니다.

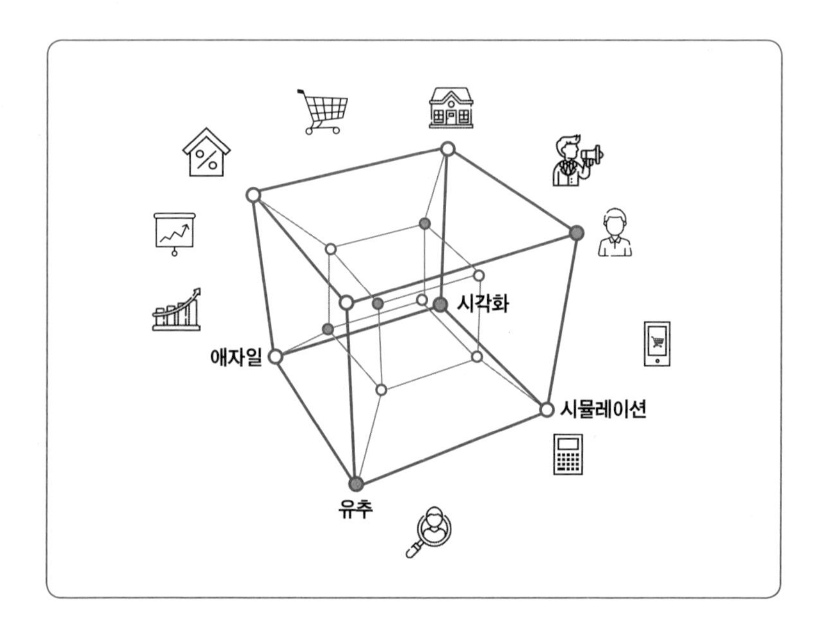

한편, 실제 국제 정세 말고도 현재 소셜 미디어와 온라인 플랫폼에도 여러 가지 세상이 존재합니다. 가장 많은 사용자를 보유한 페이스북, 인스타그램, 유튜브, 트위터, 틱톡 등은 각기 목적을 달리하며 각자의 기능에 맞는 역할들을 수행합니다. 그럼에도 사람들 사이의 사회적 연결망을 형성하게 해주기 때문에 소셜 미디어로 통칭될 수 있습니다. 그러나 이러한 네트워크가 모두 통합되어 있지는 않았습니다. 각각의 소셜 미디어마다 각자의 소셜네트워크망이 각각의 플랫폼을 기반으로 형성되었습니다. 하지만 그 이면을 들여다 보면 이들은 서로 유기적으로 연결되어 있는데, 그것은 바로 해시태그#로 형성된 키워드가 서로 연관성을 지니고 있기 때문입니다. 각자의 플랫폼에서 인기 있는 키워드는 거의 트렌드별로 겹치기 때문에 해당 관련 키워드가 유행일 때 서로 영향을 주고받을 수밖에 없습니다. 이는 하나의 플랫폼 사용자가 다양한 플랫폼을 사용하는 경우가 있다는 것을 의미합니다. 또한 구글이라는 인터넷 검색창에서는 이 다른 여러 플랫폼의 정보를 동시에 검색할 수 있습니다. 이때 키워드가 사용됩니다. 각각의 소셜 미디어가 만든 네트워크는 고유하지만, 이들을 연결해 줄 수 있는 키워드는 어느 정도 서로 연관성을 갖고 있습니다. 이러한 메타버스의 특징은 각각의 세계가 존재하고 서로 소셜 네트워크를 공유하지는 않지만, 서로의 메타버스 플랫폼에서 일어난 일들은 해시태그를 통해서 알 수 있습니다.

이렇듯 서로 떨어져 있지만 유기적으로 연결되어있는 특성을 가진 것이 바로 메타버스입니다. 다음 장의 그림처럼 말이죠. 그러므로 애자일의 기민한 태도로 효과성을 목적으로 하는 역할을 지녔다면 이러한 다차원의 세상의 존재 속에서도 잘 살아남을 수 있을 것입니다. 또한 이런 메타버스 적인 특징이 있는 사회에서 애자일의 태도로 살아왔다면 현실을 적응하는 것은 훨씬 쉽습니다.

118~119쪽에 있는 표는 애자일적인 접근 방식이 잘 수용되고 있는지 확인해 볼 수 있는 질문지입니다. 이는 실제로 IT기업의 애자일 수행의

평가를 위한 질문지를 제시했습니다. 애자일 도입을 노력하는 팀에서 지난 프로젝트에 대해 회고하는 관점에서 체크해 보시고 점수를 취합하는 것에서 나아가 앞으로의 프로젝트를 애자일 관점에서 개선할 수 있을지 점검해 볼 수 있습니다. 어감과 상황이 조금 다를 수 있으나 개인 프로젝트 수행 시에도 이러한 질문지를 통해 계속해서 발전할 여지를 마련하시길 바랍니다. 회사 취업, 중요한 시험, 혹은 승진 등에 적용할 수 있을 것입니다. 또한 가족과 친구와 함께하는 프로젝트에도 적용 해 볼 수 있습니다. IT 기업이 아니더라도 다양한 팀에서 프로젝트를 평가하는 지표로 사용할 수 있습니다.

SUMMARY PART 3 애자일Agile

1 디지털 대전환으로 인한 기존 산업 체계 붕괴, 소비자 중심의 기술 개발과 직접 소통을 고려해 서비스 및 기술을 개발하는 관점을 애자일이라고 합니다.

2 애자일 태도는 고객의 목소리에 집중하는 스크럼 및 디자인 씽킹 방법론을 도입하여 아주 빠르게 프로젝트를 진행시킵니다.

3 오픈 마인드셋은 유동적이고 언어도 다르며 이해할 수 없는 완전히 다른 세상, 즉 사용자와 시장 환경을 이해하고 이에 발맞추어 나아가는 것이 가능하게 하는 가장 기초적인 마인드셋입니다. 애자일을 습득해야 하는 개인 또한 꼭 가져야 할 태도입니다.

4 변화의 부족에서 벗어나지만, 과도한 변화로 인한 시스템 부족의 위험으로부터 균형점, 즉 최적 균형점인 스위트 스폿을 찾아야 합니다.

프로젝트 회고 질문지 Project Retrospective Questionnaire 32

지난 개인적인 프로젝트 혹은 업무적인 프로젝트를 생각하면서 응답하십시오.

● 프로젝트 관리에 대한 질문

(1-전적으로 동의, 2-동의, 3-동의하지 않음, 4-매우 동의하지 않음, 5- N/A; 해당 사항 없음)

질문	1	2	3	4	N/A
(프로젝트) 목표가 명확 했습니까?					
(프로젝트) 위험과 균형에 대해 잘 이해하고 있었습니까?					
역할과 책임이 명확하게 정의되었습니까?					
이해관계자들이 목표 달성에도 도움을 주었습니까?					
이해관계자들이 적절한 방식으로 현황을 업데이트 받았습니까?					
(고객이 혹은 대상이) 명확하게 정의되었습니까?					
(고객의 혹은 대상의 요구)가 명확하게 정의되었습니까?					
(프로젝트) 수행 전반에 걸쳐 (고객 혹은 대상의 의견이) 적절하게 반영했습니까?					
합계					

● 발전을 위한 질문

질문	1	2	3	4	N/A
(프로젝트) 작업(해야 할 일)이 잘 정의되었습니까?					
(프로젝트) 작업(해야 할 일)이 적절하게 (팀원 혹은 스케줄에 맞게) 할당되었습니까?					
계획 수립에 도움이 되는 적절한 사양 및 또는 실물 모형을 제공하였습니까?					
(프로젝트 목표)가 기간 내에 달성되었습니까?					
사후 구현 계획이 정의되고 효과적이었습니까?					
Q&A테스트가 철저하고 제시간에 완료되었습니까?					
(개발 혹은 프로젝트) 전반에 걸쳐 합리적이고 신중한 변화가 있었습니까?					

(프로젝트) 내내 팀 협업이 높았나요? / (개인의 경우) 내내 집중도가 높았나요?					
합계					

● **Delivery 딜리버리를 위한 질문**

질문	1	2	3	4	N/A
(프로젝트)에 범위에 따라 합리적인 시간 내에 배치되었습니까?					
교육 및 지원이 적절하고 시기 적절 했습니까?					
자원이 제대로 제공되고 교육되었습니까?					
(출시 혹은 마감 전)에 이해 관계자와 영향을 받는 팀에게 적절한 정보를 제공했습니까?					
여러 곳에서 수집된 피드백이 팀 내에서 적시에 처리되었습니까?					
합계					

설문조사를 요약하여 팀에 보냅니다. 팀에서 수집된 회고록 질문지를 바탕으로 공통으로 보이는 약점과 강점을 놓고 서로 제대로 이해하고 숙지하는 것이 필요합니다.

● **추가 설명**

애자일 프로젝트 회고 질문지는 한 번만 하는 것이 아닌 프로젝트 수행의 단계별로 진행합니다.
이에 따라 팀에게 필요한 부분은 바로 수정에 들어가야 결과적인 프로젝트 수행의 성공을 기할 수 있습니다.

모든 사람의 설문조사 응답을 받은 후 결과를 요약합니다. 가장 중요하다고 생각하는 영역을 강조합니다. (이것은 각각의 사례마다 변화될 수 있습니다.) 예를 들면, 1) 많은 팀원이 문제로 인식하는 영역이나 과정을 정의하기2) 모두가 우리가 잘했다고 느끼는 분야. 일반적으로 회고의 과정을 통해 잘 못 된 문제에 집중하여 개선과 연관시키지만, 잘하고 있는 것을 주목하고 해당 영역에서 효율성을 유지하고 있는지 확인해야 합니다.

PART 4

문제를 해결하는, 유추 Analogy

더글러스 호프스태터Douglas Hofstadter와 임마누엘 상데Emmanuel Sande는 《사고의 본질》에서 아인슈타인Albert Einstein을 탁월한 유추자라고 말합니다. 특히, 더글러스 호프스테트는 '물리학에서 이루어지는 유추의 편재성'이라는 제목의 강의를 진행하면서 뉴턴, 맥스웰, 디랙, 하이젠베르크, 페르미 등의 물리학자들을 소개했고, 이들이 이루어 낸 과학적 진보들이 직관적 유추에서 비롯되었다고 밝혔습니다.33 물리학의 역사적 발견이 어떤 식으로 유추를 활용해 발전되었는지 알아보기 앞서 먼저 유추의 정의와 뜻, 종류에 대해 짚어 보겠습니다. 표준 국어 대사전상 유추의 의미는 다음과 같습니다.

> **1** 같은 종류의 것 또는 유사한 점에 의하여 다른 사물을 미루어 추측하는 일.
>
> **2** 논리학. 간접 추리의 하나. 특수 사실에서 그와 비슷한 다른 사실에 이르는 추리. 예컨대, A는 a·b·c다. B도 a·b·c이며 또한 d이기도 하다. 그러므로 A는 d다. 유비(類比). 유비 추리. 아날로지.

첫 번째 뜻은 어떤 사물을 보고 비슷한 사물을 떠올린 다거나 어떤 음악을 듣고 비슷한 음악 소리를 생각해내는 것입니다. 비단 사물뿐만 아니라 사건이나 현상에도 사용할 수 있습니다. 비슷한 상황에서 다른 상황을 유추하는 것을 유추 해석이라고도 하는데, 이는 법률 해석 방법의 하나입니다. 어떤 상황을 직접 규정한 법규가 없을 때 비슷한 상황에 해당하는 법규를 확대하여 적용하는 방법입니다. 원칙적으로 형법에서는 금지되어 있으나 법률적 상황에서 사건의 케이스가 복잡하고 다양하게 얽혀 있을 때 기본적으로 필요한 해석 방법입니다. 이는 사실 두

번째 뜻과도 어느 정도 유사합니다. 두 번째 뜻에서는 논리학 측면에서 추리 종류의 하나가 된다고 설명합니다. 예를 들어 '지구는 여러 생물이 있다'라는 문장과 '화성은 여러 면에서 지구와 유사하다' 그러므로 '화성에도 생물이 있을 수 있다'라는 추리가 논리적인 유추에 해당됩니다.

이는 논리적으로 사용되는 원리로서, 특정 결론에 도달할 때 비슷한 상황을 들여와, '어떠한' 측면에서 유사하므로 '이와 같은 결과'를 도출할 수 있다고 설명합니다. 유추의 정의에서 먼저 '어떠한 측면'을 보기 위해서는 시각화 파트에서 소개한 관찰이 필요하고, '이와 같은 결과'를 도출하기 위해서는 우선 제대로 된 관찰을 바탕으로 한 시각화와 시뮬레이션 스킬이 필요합니다. 또한 더 나은 유추를 계속적으로 제시하고 이를 실험하는 애자일이 필요합니다. 다시 말해, 시각화visualization, 시뮬레이션simulation, 애자일agile 역량을 하나로 꿸 수 있는 것이 바로 유추Analogy입니다.

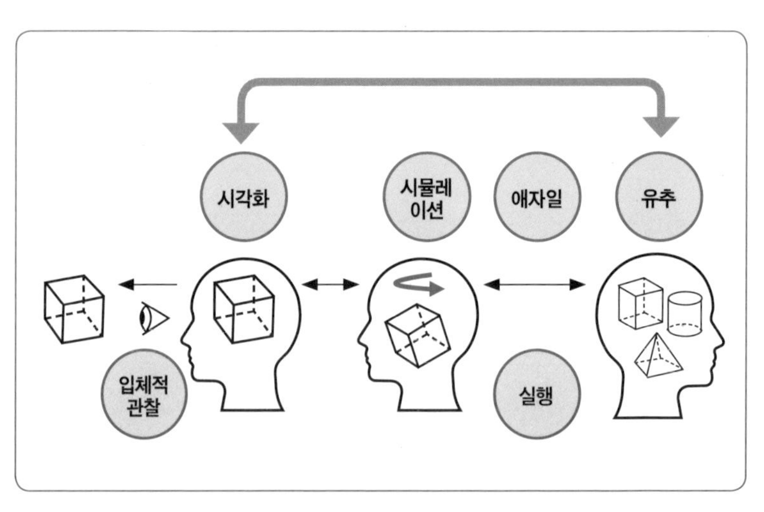

지금까지 소개한 시각화, 시뮬레이션, 애자일 그리고 유추이다.

지난 파트 1과 2에서 설명한 역량들은 유추 능력을 필요로 하고 반대로 유추 능력을 향상시킬 수 있습니다. 시각화에 공간감을 더해 입체적 관찰을 하고, 여기서 얻은 데이터를 바탕으로 시뮬레이션이 가능해집니다. 이 둘의 과정을 가능하게 하는 것이 유추, 즉 '미루어 추측하는 일'입니다. 이는 시각화에서 입체적으로 수집한 정보를 바탕으로 시뮬레이션할 때, 우리 머릿속에서 보았거나 상상했던 현상이나 상황을 근거 삼아 이어 붙이는 것을 의미합니다. 낮은 단계의 유추가 일어나는 게 '유사한 상황에서 그와 비슷한 다른 상황에 이르는 추리'이기 때문입니다.

그리고 애자일 기법에 따라 예측을 통한 빠른 실패를 거듭하고 실패의 경험을 바탕으로 새로운 예측과 전략을 짜는 과정에도 유추는 계속해서 적용됩니다. 최초의 예측, 즉 가설 설정에서부터 유추의 2번 의미인 간접 추리를 통해 검증 가능한 명제를 만들어 낼 수 있습니다. 또한 그 실패의 원인을 기존의 케이스나 알고 있는 현상에서부터 도출하기에 유추 능력이 필수적입니다. 이 과정을 끈질기게 반복할 수 있는 기법이 애자일인데, 그 반복의 원동력에는 실패의 원인을 제대로 유추해 내는 능력이 요구됩니다. 실패를 통한 유추가 없다면 이제 어디로 가야 할지 제자리 걸음만 하게 될 것이고 개선 사항을 찾을 수 없습니다. 아무리 애자일 방법론을 활용한다 해도 말입니다.

빛의 파동설을 제시한 호이겐스Christiaan Huygens는 네덜란드 물리학자로 소리와 빛의 형태의 유사점을 바탕으로 빛이 파동이라는 형태로 전달된다는 빛의 파동설을 수립하였습니다. 이러한 가설을 제시한 데에는 개연성은 있으나 증명이 빠져있습니다.

연구 분야에서 이러한 관찰과 시뮬레이션 그리고 유추 등의 과정, 즉 실험을 통한 증명을 통해 유추를 증명해 내는 과정을 반복합니다. 이를 통해 완전히 새로운 유추 혹은 추론을 해내기도 합니다. 아무렇게나 실험이나 증명을 하는 것이 아닌 실패한 데에서부터 깊이 있는 관찰과 고찰을 병행하면서 놀라운 것들을 찾아내게 되는 것입니다.

유추와 추론 그리고 창의성

유추는 추론의 일종으로 분류됩니다. 이미 알고 있는 사실을 바탕으로 모르는 사실을 추측하는 과정이자, 이때 연관된 사항이 전개되면서 어떤 사실을 미루어 짐작하는 방식이기 때문이죠. 어느 정도 논리적인 과정이 들어가지만 완전히 논리적으로 검증하는 것은 아닙니다. 그렇기에 유추해 내는 능력은 곧 창의의 과정이라고도 볼 수 있을 것입니다. 왜냐면 모두가 다 비슷한 상황을 생각해 내는 게 아니며, 또한 모두가 다르게 유추해 내는 경우가 발생합니다. 이에 반해 추론은 논리적인 근거를 바탕으로 누구나 다음 사항을 추론해냅니다. 귀납법, 연역법, 유추법* 등이 추론의 하위 개념입니다.

그러다 보니 유추를 하기 위해서는 서로 다른 대상 혹은 사건의 대등하

---

* 유비 추리의 줄임말로, 어떠한 특수한 성질의 사실을 바탕으로 가정적으로 다른 상황에 대입하여 추정하는 추론 방식이다.

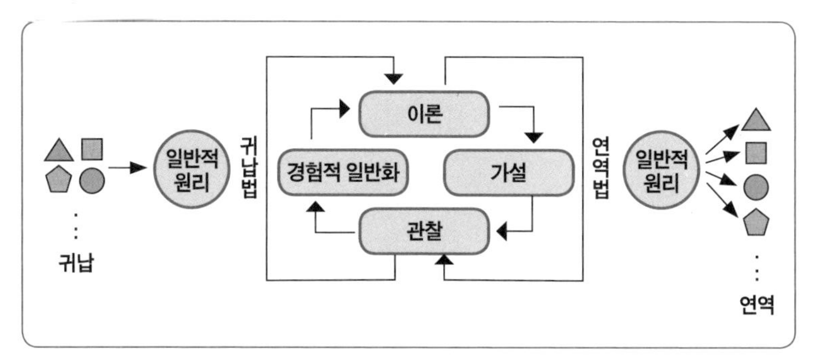

연역법과 귀납법

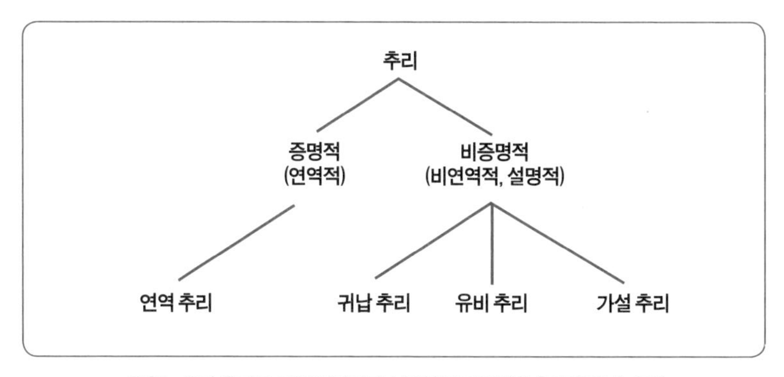

유추는 유비 추리로, 비연역적이자 설명적인 비증명적 추리라 할 수 있다

거나, 일치하거나, 유사한 관계가 전제되어야 합니다. 그 중에서도 관찰은 정말 중요한 전제라고 할 수 있습니다. 얀 칩체이스Jan Chipchase와 사이먼 슈타인하트Simon Steinhardt의 《관찰의 힘》에서 다른 문화권의 도시와 사람들의 행동을 관찰하는 능력은 엄청난 재능으로, 이는 유용하게 사용됩니다. 칩체이스와 슈타인하트가 설명하는 관찰 능력은 관찰한 것을 토대로 자신이 아는 것과 대등한지, 일치하는지 혹은 유사한지를 고민하는 유추 능력을 전제 조건으로 합니다.34

파트 1에서 시각화를 하기 위해 보는 것과 관찰하는 것의 차이에 대해서 설명한 바 있습니다. 제대로 보기 위한 관찰의 능력은 다른 영역과도 밀접한 관계를 맺고 있습니다. 대등, 일치, 유사라는 기준으로 유추를 해내는 과정에서 일어나는 설명은 비유의 한 종류이지만 논리적 영역을 내포합니다.

아인슈타인의 사고법

흔히 '아인슈타인이 만든 기적의 해'라고 불리는 1905년에는 기념비적인 논문 3종이 발표됩니다. 특수 상대성 이론, 브라운 운동을 설명한 분자운동론, 끝으로 노벨상을 안겨준 광전효과를 설명한 논문들입니다. 이 세 가지 이론 중 이후 일반인들에게도 잘 알려진 상대성 이론은 그에게 노벨 물리학상을 안겨준 이론이 아니었습니다. 그가 발견한 유사성이 완벽하다고 하기에는 당시 사람들의 눈에는 오류가 많아 보이는 유추였기 때문입니다.

광전효과로 노벨상을 받은 시기는 무려 발표 이후 16년이 지난 1921년이었습니다. 그때까지 여러 번 노벨 물리학상의 후보로 거론되었지만 그의 상대성 이론은 당시에도 여전히 회의적인 시각을 받고 있었기에 살아생전에 상대성 이론으로는 노벨상을 수상하지 못했습니다.

그럼에도 놀라운 사실은 우리가 잘 아는 내비게이션의 기본 원리인 글로벌 포지셔닝(또는 범지구 위치 결정) 시스템GPS Global Positioning System은 아인슈타인의 상대성 이론이 맞았다는 것을 완벽하게 보여주는 예입니다.

(왼쪽부터) 2017년 노벨물리학상 수상자인 라이너 바이스 미국 매사추세츠공과대 명예 교수, 배리 배리시 캘리포니아공과대학(캘텍) 교수, 킵 손 캘텍 명예 교수

2015년 라이고LIGO 연구진은 GPS가 만들어 내는 오차를 상대성 원리로 교정시킬 수 있게 됩니다. 100년 전 아인슈타인의 상대성 원리가 옳았다는 것을 증명한 라이고 연구진은 GPS의 오류를 수정, 교정한 업적으로 2017 노벨 물리학상을 수여합니다.

아인슈타인의 경우 사고 과정에서 다른 물리학자와 달리 매우 풍부하고 예측 불허한 유추를 한 것이 특징입니다. 호프스테트와 상데의 《사고의 본질》에 의하면 일반적으로 물리학적 발견은 다른 두 현상을 비교하는데 아인슈타인의 발견은 대부분이 수년이 지난 후에야 두개로 구분되어 오던 두 현상이 사실은 하나의 현상인 것으로 드러났습니다. 하지만 아인슈타인조차 이 두 다른 현상이 동일하다는 것을 확신하고 논문을 쓴 게 아닙니다. 다만 서로 다른 두 현상이 어떤 측면에서 연결되었을 것이라는 직감과 새로운 시각의 유추로 인해 발견한 것이지, 별개의 두 현상이 하나일 것이라고는 본인도 알지 못했습니다. 또 한 가지 놀라운 점은 그의 업적에서 이러한 통합이 여러 번 일어났다는 것입니다. 대부분의 물리학자들은 현상들 간의 유사성을 발견하기도 합니다만, 깊은 통합으로 이어지는 직감을 발휘하지는 못하는 것으로 알려져 있습니다. 그래서 아인슈타인은 천재적인 유추 능력을 지녔다고 평가받습니다.35

아인슈타인의 유추를 비유하자면 이렇습니다. 누군가 수백 년 전 석탄과 다이아몬드의 유사한 속성을 관찰 후 이 둘이 같은 유사성으로 연결되었다는 주장을 했다고 가정합시다. 과학의 발달로 다이아몬드와 석탄이 단일한 화학 성분인 탄소가 외형적으로 다른 형태를 띈 차이라는 것을 발견한 것과 비슷한 이치인 것입니다. 그만큼 아인슈타인의 이론들은 그 당시에는 받아들여지지 않았을뿐더러, 이후로도 많은 시간이 지나서야 증명되기 시작했습니다.

상위 유추 vs. 하위 유추

아인슈타인의 사소한 생각과 어휘에도 묻어 있는 일상적인 하위 유추는 그가 해낸 상위 유추, 즉 물리적, 과학적 업적과는 큰 차이를 보입니다. 하지만 일상에서 소소하게 즉흥적으로 해낸 여러 유추가 그의 놀라운 상위 유추에 영향을 주었음을 부정할 수 없을 것입니다. 그의 사고방식과 관찰하는 시각은 달랐습니다. 이는 지금까지 설명한 다른 시각으로 관찰하고 이를 다각도로 재구성하여 자신만의 유추 관념 속에서 입체적으로 돌아다니다 보면 세상을 완전히 다르게 보는 상위 유추까지 가능하다는 사실을 의미합니다.

과학적 업적으로서 아인슈타인의 유추를 상위 개념의 유추라고 할 수 있다면, 하위의 유추는 그의 삶에서 남긴 여러 말에서 엿볼 수 있습니다. 그의 회고록에서 그가 10대에 수학을 포기한 이유를 설명하면서 "수학은 각각 우리에게 주어진 짧은 생애를 흡수할 수많은 전문 분야로 나뉜다. 그래서 나는 어느 쪽 건초를 먹을지 결정하지 못하는 뷔리당의 당나귀와 같은 처지가 된 나의 모습을 보았다" 라고 표현하였습니다. 이 회고록에서 아인슈타인은 자신을 특정 상황에 처한 당나귀로 희화하여 비유하였습니다. 특히 문장 말미에 "보았다" 표현한 것이 인상적인데 그는 관념적 혹은 개념적으로 뷔리당의 당나귀와 자신을 연결시킨 것이 아니라 자신의 모습을 생각하니 뷔리당의 당나귀가 시각적으로 떠올렸습니다. 일상적인 생각과 말에서 항상 유추를 했다는 것을 알 수 있는 대목입니다.

나아가 호프스테트와 상데는 그들의 책《사고의 본질》에서 아인슈타인의 유추를 다음과 같이 표현합니다 "…그는 현재 지각한 대상과 우리처럼 평생에 걸쳐 숱하게 실행한 유추를 통해 기억 속에 구축한 구조물 사이에 유추적 다리를 놓았다." 이 표현에서 주목할 부분은 하위의 유추로 인해 생각의 구조가 입체적으로 생겨났고 또한 유추라는 다리가 생겨 연결이 안 되던 개념들끼리 연결할 수 있게 된다는 뜻입니다. 자신의 관념을 유추를 통해 계속해서 세워 나가는 것을 의미합니다. 또한 이러한 유추의 구조물 속을 "거닐었다"고도 표현합니다. 여기서 그의 머릿속 관념들이 입체적으로 짜여져 있었다는 것을 예상할 수 있습니다. 아인슈타인의 특별한 유추는 '유사한' 특성만을 연결 짓는 것이 아니라 1차원적으로는 확인되지 않았던 둘 사이의 통일성을 창출한다는데 있습니다.

먼저 기존에 통용되던 관념은 상대성 이론을 받아들이기 어렵게 하는 방해막으로 사용되었습니다. 다음은 그 당시에 받아들여진 질량 보존의 법칙과 에너지에 대한 명제들입니다. 에너지에는 동적, 정적 에너지가 존재합니다. 파동이나 움직이는 물체에 의해 발생하는 동적 에너지와 물체가 같은 위치에 계속 존재하기 위해 필요한 정적 에너지, 즉 위치 에너지가 있습니다. 하나의 에너지는 다른 에너지로 전환될 수 있다는 전제를 바탕으로 합니다. 전체 에너지는 질량 보존의 법칙의 의해서 보존되며 총 질량도 마찬가지로 동일하게 보존됩니다. 아인슈타인이 1905년에 해낸 유추는 다음과 같습니다.

상황 (모든 물체가)광선을 방출할 때 E만큼의 에너지를 비롯하여 미량의 질량도 잃는다. 이는 m = E/c2으로 구할 수 있다. 반대로 방출된 에너지가 다른 물체에 흡수될 때에 같은 에너지를 얻으며 동시에 질량도 함께 얻게 된다.

⇨ 여기까지는 1905년 까지의 상황의 기존 개념에서 추론한 것입니다.

인지 부조화 혹은 문제 인식: 에너지는 입자로 구성되어 있지 않기에 이상 질량은 얻었지만 정상 질량을 지니지 않는다. 정상 질량은 어떤 에너지도 지니지 않기 때문에 모든 물체가 지닌 이상 질량은 비가시적 에너지를 얻고 방출 때까지 조용히 머물게 된다. 따라서 정상 질량과 비정상 질량은 서로 호환할 수 없도록 내부막이 가로막고 있고 에너지에는 해당되지 않는다.

⇨ 아인슈타인의 문제 인식으로 기존의 질량 보존 법칙이 적용될 수 없는 것이 아닐 수도 있다는 것과 내부막이 가로막을 수 없다고 유추합니다.

아인슈타인의 유추 에너지를 갈라놓는 어떤 칸막이는 없으며 질량이 에너지와 마찬가지로 내부가 나뉘어져 있는 것은 아니다. 두 종류의 질량이 호환성을 지닐지도 모르겠다. 이 유추가 맞다면 정상 질량이 에너지 창고의 역할을 하며 정상 질량 자체가 이상 질량으로 감쪽같이 변환될 수 있으며 반대로 다시 정상 질량으로 즉각적으로 회귀할 수도 있다는 것을 의미한다. 이러한 에너지는E= mc2 로 구할 수 있고, 이러한 즉각적인 정상 질량에서 비정상 질량으로의 변화와 회귀는 물체 자체가 극히 가볍더라도 그 값은 매우 클 수 있다는 것이다.

공상과 상상, 망성적 태도

아인슈타인이 한 유추의 기존의 명제들을 뒤집는, 즉 프레임을 바꾸어 보았다는 것입니다. 이러한 파격적 유추는 창의력으로 불립니다. 유추와 창의성에 관한 수많은 연구들이 존재합니다. 파트 1에서 시각 학습자들은 특이한 방식으로 구조화를 한다고 언급한바 있습니다. 실버맨Silverman 박사의 책 《업사이드 다운》에 따르면 일반적인 순서의 청각sequential-auditory learner 학습자는 규칙에 맞게 순차적으로 구조화를 진행하는 반면, 시각-공간 학습자visual-spatial learner는 자기들만의 특이한 방식으로 구조화를 해냅니다. 입체화, 즉 공간화 하는 능력을 가진다는 것입니다. 또, 시뮬레이션을 입체적으로 하는 능력이 특이점을 만들어 낸다고 할 수 있겠습니다. 정보를 평면적으로 인식하지 않기 때문입니다. 아래 표36는 《업사이드 다운》에서 제시한 청각-순서 학습자와 시각-공간 학습자의 차이를 비교한 것입니다. 본인은 어떤 학습자인지 확인해 보세요.

청각-순차적 학습자	시공간적 학습자
1. 주로 말로 생각합니다.	ⓐ. 주로 이미지로 생각합니다.
2. 청각적 강점(strength)을 가지고 있습니다.	ⓑ. 시각적인 강점 (strength)을 가지고 있습니다.
3. 시간과 잘 관련 짓습니다	ⓒ. 공간과 잘 연관 짓습니다.
4. 단계별 학습자입니다.	ⓓ. 전체 파트 (숲을 보는) 학습자입니다.
5. 시행착오를 통해 학습합니다.	ⓔ. 개념을 한 번에 배웁니다.
6. 쉬운 자료에서 어려운 자료로 순차적으로 학습합니다.	ⓕ. 복잡한 개념을 쉽게 배우고 쉬운 기술과 고군분투합니다.
7. 분석적 사고방식을 가진 사람입니다.	ⓖ. 좋은 융합자 혹은 재창조자입니다.
8. 디테일에 강합니다.	ⓗ. 큰 그림을 봅니다; 세부 사항을 놓칠 수 있습니다.
9. 구술 방향 잘 따릅니다.	ⓘ. 지도를 잘 읽습니다.
10. 산수를 잘 합니다.	ⓙ. 계산보다 쉽게 수학의 원리를 잘 설명할 수 있습니다.
11. 파닉스 (phonics: 단어가 가진 소리 및 발음을 배우는 교수법)를 쉽게 배울 수 있습니다.	ⓚ. 전체 단어를 쉽게 배웁니다.
12. 철자 단어를 쉽게 소리 낼 수 있습니다.	ⓛ. 머릿속에서 스펠링을 생각해야만 말로 할 수 있습니다.
13. 빠르고 깔끔하게 쓸 수 있습니다.	ⓜ. 손 글씨보다 타이핑하는 것에 매우 익숙합니다.
14. 정리정돈이 잘 됩니다.	ⓝ. 자신만의 독특한 정리 방법을 만듭니다.
15. 작업의 단계를 쉽게 보여줄 수 있습니다.	ⓞ. 관계를 보는 것으로 학습합니다.
16. 좋은 청각 기억과 짧은 기억력을 가집니다.	ⓟ. 장기 시각 기억 능력이 뛰어납니다.
17. 약간의 반복이 필요할 수 있습니다.	ⓠ. 개념을 영구적으로 배웁니다: 훈련과 반복으로 배우지 않는다.
18. 지시로부터 잘 배웁니다.	ⓡ. 자신만의 문제 해결 방법을 개발합니다.
19. 감정적인 반응에도 불구하고 학습합니다.	ⓢ. 선생님의 태도에 매우 민감합니다.
20. 하나의 정답에 마음이 편안합니다.	ⓣ. 일반적이지 않은 해법을 만듭니다.
21. 고르게 발전시킵니다.	ⓤ. 비대칭적인 것들을 많이 만들어냅니다.
22. 대수학과 화학을 즐깁니다.	ⓥ. 기하학과 물리학을 즐깁니다.
23. 대부분 높은 성적을 유지합니다.	ⓦ. (불규칙하게) 상당히 고르지 않은 점수를 가지고 있는 편입니다.

24. 수업 시간을 통해서 다른 언어를 마스터할 수 있습니다.	ⓧ. 다른 언어를 마스터하는 데 집중적 학습이 필요합니다.
25. 학습에 재능이 있습니다.	ⓨ. 정신적으로나 감정적으로나 영적으로나 깊은 견해가 있습니다.
26. 조기 교육 혹은 조기 영재 타입입니다.	ⓩ. 대기만성형입니다.

이러한 특징은 어떤 것은 결과적인 특징이 있고 어떤 것은 원인에 가까운 특징도 있습니다. 예를 들면 ⓐ주로 이미지로 생각한다거나 ⓑ시각적인 강점을 가지는 것, ⓒ공간과 연관 짓는 점 ⓓ전체 파트로 학습하는 방법 등은 원인에 가깝습니다. 이러한 방법을 통해 ⓔ개념을 한 번에 배우거나 ⓕ복잡한 개념을 쉽게 배우고 쉬운 기술과 고군 분투하는 경향이 있는 것은 결과에 가깝습니다. 또한 이러한 이미지와 공간적 사고법이 융합자 재창조로 거듭나게 해줍니다. 또한 ⓝ. 자신만의 독특한 정리 방법을 만듭니다. 능력도 결과에 가깝습니다.

한편 그들의 기억은 ⓒ 공간과 연관 짓는 점에서 인간이 가진 많은 감각을 활용하므로 결과적인 측면에서 ⓟ장기 시각 기억력이 뛰어날 수 있습니다. 이렇게 기억이 되거나 제대로 원리를 배우기 때문에 ⓠ개념을 영구적으로 배울수 수 있습니다.

이러한 특이한 특징 중 유추 능력은 좋은 융합자 재창조자라는 점과 맞닿아 있습니다. 또한 비대칭적인 것들을 많이 만들어내는 점과 자신만의 독특한 정리 방법, 자신만의 문제 해결 방법을 개발하는 것에 있어서 유추 능력이 뛰어나며 남들과 다른 연결성을 찾아낸다는 데 있습니다. 이는 또 창의력과도 매우 밀접한 관계를 보입니다.

창의력을 세분화했을 때 다르게 조합하는 능력을 어떻게 키우냐는 부분에서는 아직도 의견이 분분한 편입니다. 공간적 혹은 입체적이라는 콘셉트가 창의력 개발에 소개된 지는 얼마 되지 않았습니다. 《미래의 교육》의 저자 김경희 박사는 공상이라는 방법을 통해 입체화 속에서 창의력이 나온다고 소개하고, 이를 '공간 태도'라고 지칭하였습니다. 이와 함께 아인슈타인의 인용문도 다음과 같이 덧붙였습니다.

"지식은 한계가 있지만 공상은 한계가 없어서 새로운 것을 만들어 내고 세상을 진보시키기 때문에 지식보다 공상이 훨씬 더 중요하다."

"Imagination is more important than knowledge. For knowledge is limited, whereas imagination embraces the entire world, stimulating progress, giving birth to evolution."

-알버트 아인슈타인

김경희 박사는 교육학 측면에서 공간 개념이 결합한 유추 능력을 기르는 방법으로 공상과 상상, 망상적 태도를 제시했습니다. 하지만 이런 창발적 태도에서 경계해야 하는 것은 유추라는 단어가 논리학에 기반한다는 것입니다. 즉, 규칙과 원칙 안에서의 창발인 것입니다. 이때 규칙과 원칙을 바탕으로 할 수 있는 이유는 시뮬레이션의 원칙이기 때문입니다. 3차원에서의 시뮬레이션은 여러 가지 조건 안에서 어떤 식으로 상황이 변화하는지를 계속 관찰할 수 있기 때문에 유추할 때에도 그런 조건 등을 바탕으로 새로운 것을 합치는 것입니다. 창의력과 창발에 있어서 학계에서의 연구는 시각적, 논리적 유추와 논리적 추론 둘을 어느 정도 구분합니다.

특히 디자인 연구에서는 창의력과 유추에 연관성을 부여했습니다.[37] 이들 중 시각적 유추가 논리적 추론 능력과 관계가 있는지, 개발이 가능한 것인지에 대한 의문도 제시되고 있습니다. 그럼에도 이러한 시도와 연구들은 중요하게 교려되는데, 그 이유는 이러한 연구의 목적이 바로 AI 즉, 컴퓨터에 적용할 수 있느냐 없느냐에 도달하는 것이기 때문입니다. 인공지능이 해낼 수 있는 유추는 간단한 연결의 유추, 즉 하위 유추 까지는 가능합니다. 하지만 공간적이고 입체적인 복합적 인식이 불가능하고 그 안에서 인간처럼 자유자재로 상상하고 시뮬레이션 하는 능력을 기를 수는 없기 때문에 아인슈타인이 해낸 상위 유추를 기대하기 어렵습니다.

이것이 바로 인간과 컴퓨터의 차이고, 우리가 그저 공감하는 능력을 키워야 하는 게 아니라, 세부적으로 우리 머릿속에(스키마 속에) 상상의 집을 그려 놓고 가능한 것들을 시뮬레이션과 유추를 통해 확장 시켜 나가는 능력을 키우는 것만이 진정한 경쟁력이 될 수 있습니다.[38]

스키마와 상위 유추

인공지능에는 가장 일반적인 유추로 만든 단어들의 모음이 이식됩니다. 쉬운 예로는 우리가 검색 사이트에 어떤 단어를 넣으면 연관 검색어가 같이 제시되는 것을 볼 수 있습니다. 이는 스키마를 기반으로 더 나아가 검색한 단어와 연관된 단어가 빈도와 중요도별로 함께 제안되는 것입니다. 스키마Schema란 일반적인 연상 단어들의 모음으로, 심리학에서 스키마는 우리가 하나의 단어를 생각할 때 연관 단어들의 표상화라고 합니다. 단어가 가지는 콘셉트의 도식화이기도 합니다. APAAmerican Psy-chology Association, 미국 심리학 학회의 심리학 사전에 의하면 개념 혹은 개체에 대한 기본 지식의 모음으로 지각, 해석, 상상, 또는 문제 해결을 위한 가이드 역할을 합니다.

심리학에서 스키마 콘셉트Concept는 바틀렛Bartlett 박사에 의해 처음으로 사용되었습니다. 이후 장 피아제Jean Piaget 박사는 지식이 지식의 구조인 스키마로 구성되어 있다고 주장했습니다. 스키마는 인지 심리학 연구에 큰 영향을 미친 것으로 알려져 있습니다.39

현재 스키마가 가장 활발히 사용되는 분야는 인공지능, 인지과학, 언어학 등입니다. 여러분이 검색을 할 때 관련 단어를 추천받는 것도 바로 이러한 스키마가 바탕이 됩니다. 인공지능 개발에도 스키마 이론이 기여한 바가 큽니다. 이때 데이터 베이스 스키마는 자료의 저장을 통해서 표현법을 저장한 구조입니다. 간단히 말해 데이터의 축적으로 이루어지는 것입니다. 즉, 관련 단어들을 축적하여 구조화하는 방식입니다. 그리고 많이 사용되는 단어들을 우선순위로 두어 단어 간의 연관성에 순위를 매깁니다.

한편, XML 스키마는 내용이나 구조 형식을 규정하는 명세로 그 서술 자체가 구조화되어 작동합니다. 이는 일반적인 언어의 스키마하고는 차이가 있습니다. 웹스터 사전상 Schema 뜻은 "일반적인 개념에 보편적으로 적용 가능한 개요 또는 이미지" 입니다. 이에 반해 XML은 문장을 구조화하여 내용을 분류하게 만드는 방식입니다. 1998년도의 마이크로 소프트와 여러 대학에서 연구된 이후 이 방식의 스키마는 무한한 발전을 합니다. 인공지능, 인지 과학 등에서 공통적으로 사용하는 개념으로 지식을 구조화, 표상화한 상태입니다.

일반적으로 인간은 이 두가지를 적극적으로 활용하여 스키마를 형성할 수 있습니다.40 제목이나 저자, 주어와 목적어 등을 구분해 구조적으로 문서를 분류하는 방식에 가깝습니다. 이러한 기술의 발전은 머신 러닝의 기초가 되었습니다. 일반적인 저장 데이터의 스키마와 문장 구조 분석에 강한 XML 스키마가 합쳐져 머신 러닝의 기초가 되어 앞으로 계속 발전할 수 있습니다.41

여기서 중요한 포인트는 아인슈타인을 비롯한 시각 공간 학습자의 스키마는 다를 수 있다는 점입니다. 기린을 예로 들어보겠습니다. 기린을 떠올리면 목이 긴 기린과 큰 나무의 열매와 나뭇잎을 뜯어먹는 모습이 연상되면서 노란색, 점박이 그리고 아프리카가 머릿속에 등장할 것입니다. 혹은 동물원이 생각나기도 할 것입니다.

이때 배경과 기린을 명확하게 시각화 해낸 시각 공간 학습자는 그 장소를 탐험할 수 있을 정도로 명확한 공간감을 가지게 됩니다. 그럴 경우 일반적인 연상 순서가 아닌 자신의 경험에 바탕을 둔 특이한 연관성을 지을 수 있습니다. 기린에서 시작해 뜬금없이 소방차의 사다리로 넘어 갈 수 있는 것입니다. 기린의 목을 타고 자신이 나무 위로 올라가는 장면을 상상해본 것일 수도 있습니다. 자신이 상상해 보았던 비슷하게 생긴 이미지와 합치기 때문입니다. 우리는 종종 어린이들이 우리의 예상을 뛰어넘은 연결성을 지어 엉뚱한 말을 하는 것을 쉽게 목격할 수 있습니다. 언어를 배우기 시작한지 얼마 안 된 아이들에게는 아직 일방적인 세상의 지식을 학습하지 않은 효과로 이런 엉뚱한 연결성을 보이면서 스토리를 만들어

냅니다. 이것을 우리는 창의력이라고 지칭합니다. 모두가 기린이라고 하면 동물원 혹은 아프리카 등으로 정형화된 단어들을 떠올릴 때 시각-공간 학습자는 완전히 다른 자신만의 유추를 해냅니다. 앞에서 설명한 구조물로 자신의 생각을 구축하고 보통의 하위 유추뿐만 아니라 상위 유추까지 해낼 수 있기 때문입니다.

이에 반해 인지 과학에 바탕을 둔 인공지능은 정형화된 기린과 관련된 단어를 직접 저장하여 스키마를 형성해 목이 긴, 목, 노란색, 갈색 점박이, 나뭇잎, 열매, 아프리카, 그리고 동물원 등등 관련된 단어가 축적될 것입니다. 인공적으로 개발된 인공지능의 스키마에도 비슷한 류의 단어가 들어갈 수 있지만 그 이유는 처음에 그것을 프로그래밍한 개발자의 스키마가 들어갈 때가 있기 때문입니다.

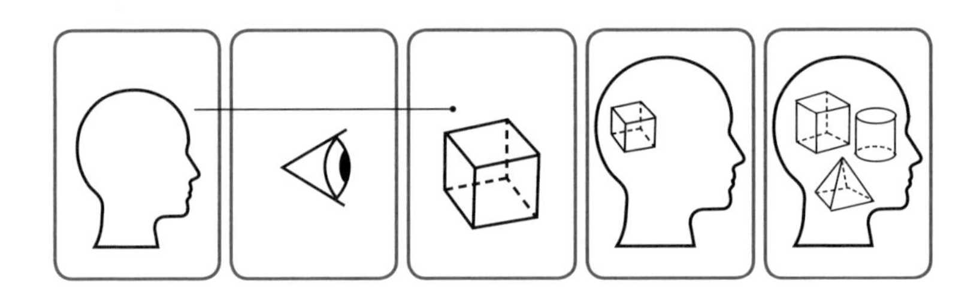

스스로 그것을 연상하거나 새로운 연관 단어를 찾아 내기 위해서는 LDALatent Dirichlet allocation 즉 잠재 할당이라는 자동화 기능이 있어야 합니다. 이는 오류를 발판으로 더욱 정교하게 발전할 수 있겠습니다만 그 원리는 더욱 더 일반적이고 많은 양의 단어들을 찾아내는 것입니다. 이때에 스스로 단어들을 확장하면 실수를 하게 되어 있어 개발자의 개입이 필수적입니다. 인간의 시각적 기억에 바탕을 두지 않기 때문에 인공지능에서 개발하는 스키마에서는 상위의 유추를 해낼 수 있는 창의력이 없습니다. 지금까지 발전한 스키마들이 거의 정점에 도달했기 때문에 인간처럼 자연스러운 추천이나 관련 검색어가 함께 등장할 것입니다. 인간의 스키마는 시각화된 장기 기억에서 비롯되는 반면 인공지능은 그 원리가 비슷하나 완전히 같지는 않기 때문에 엉뚱한 발전을 할 가능성은 있습니다. 인간 고유의 스키마가 이미지에 바탕을 두기 때문에 매우 독특하고 특수한 특성을 띄고 이러한 새로운 연결성이 창의성이 되어 문제들을 해결합니다. 기계들은 반복적인 일들을 해낼 수 있는 상태입니다. 인간은 계속해서 새로운 연결성을 찾지 않는다면 인간만의 고유한 특성이 떨어진다고 할 수 있습니다.

다음은 질문에 응답하면서 유추를 해보는 과정을 순서대로 제시하고 있습니다. 자신의 비유 능력을 아래 질문을 통해 측정해 보시기 바랍니다.[42]

비유 연습하기

비유는 무언가를 설명하기 위해 두 가지를 비교하거나 유사성을 빗대어 설명하는 방법입니다. 직유, 은유, 의인법, 중의법 등이 있습니다. 유추를 확장된 비유라고 표현하기도 합니다.

다음은 자신만의 비유를 만들기 위한 단계별 과정입니다.

서로 비교할 두 개의 것을 각각 아날로그, 디지털 영역에서 하나씩 선택합니다. 단 디지털 영역의 것은 충분히 그 특징을 알고 있는 것으로 고르세요(평소 즐겨 사용하는 앱이나 서비스를 비유할 수 있습니다).

2단계 아날로그 영역에서 선택한 개념의 특성을 나열합니다.

3단계 #1과 #2의 관계를 생각하기 시작합니다. 둘의 특성을 나열하면서 비슷하거나 다른 점, 완전히 일치하는 점은 무엇인지 생각합니다. 이때 그 둘의 특성을 시각화하고 이를 입체적으로 생각해 봅니다. 비슷한 점을 찾기 위해 이리저리 돌려 보면서 생각해 보시면 좋습니다.

4단계 어떤 점이 같거나 비슷하거나 다른지, 또 어떤 부분에 대하여 말하고 싶은지 계속해서 관찰과 비교 분석을 하는 시간을 가집니다.

2, 4단계에서 기록한 목록을 병합하고 정리합니다.

대등, 일치, 유사한 것 중 흥미를 끄는 각 지점을 자세히 설명합니다.

비유를 마무리합니다.

신조어와 MZ세대의 스키마

요즘 어린 청소년들과 20대 젊은이들이 많이 사용하는 외계어 같은 신조어들을 많이 볼 수 있습니다. 그들의 신조어들은 스키마와 어떠한 연결성이 있을까요? 당연히 우리가 쓰는 언어들은 대부분 위에서 설명한 스키마에 바탕을 두고 있습니다. 다음은 최근 많이 쓰인 신조어들입니다.

- **알잘딱깔센** '알아서 잘 딱 깔끔하고 센스있게란 뜻'으로 BTS 지민, 슈가의 V라이브에서 언급되기도 했다.
- **군싹** 군침이 싹 도네의 줄임말. '뽀로로'에 나오는 캐릭터 루피를 활용한 짤이 돌며 퍼지기 시작했다.
- **손민수** 누군가를 따라하는 것을 이르는 말로 드라마이자 웹툰이었던 〈치즈인 더 트랩〉의 주인공 설이를 따라하던 '손민수' 캐릭터에서 비롯했다.
- **무야호** 예능 〈무한도전〉에 출연한 일반인이 무야호라고 외치자 라고 말해 정형돈이 '그만큼 신나시다는 거지'라고 말해 신난다의 뜻으로 사용된다.
- **ㄴㅇㄱ** 깜짝 놀랄 때 쓰는 말이자 몸 동작. 예능 〈복면가왕〉에서 개그우먼 신봉선이 놀라 반응한 몸동작을 따 만들어낸 신조어로, 말로 하기보다는 문자 형태로 놀람을 표현한다.

이러한 예시에서 볼 수 있는 공통점은 디지털 시각 문화 및 대중 문화의 상황이나 느낌을 표현하기 위해서 사용하는 단어들이라는 것을 알 수 있습니다. 또 같은 상황이나 느낌, 현상들에 대한 카테고리들을 만들었다는 것을 알 수 있습니다. 팩트 체크 문화에 강한 이들은 일반적인 정보 및 이미지 중심으로 이루어져 있으며 저장으로 기인한 스키마에 빠져있다는 것 또한 알 수 있습니다. 예를 들어 놀라다, 황당하다, 쇼킹하다, 등의 장면에서는 'ㄴㅇㄱ' 이 연상됩니다. 시각적 표현입니다. 또한 매우 센스 있고 깔끔한 BTS의 칼군무 같은 모습을 보았다면 '알잘딱깔센'이 연상될 것입니다. 위의 신조어 대부분은 이렇게 단 한마디로 설명하기 어려운 상황이나 시각적 특성을 잘 표현하는 스키마에 속합니다.

예전에는 비슷한 느낌을 받더라도 그것을 표현할 통로가 많이 없었고 또 특정 상황에 대한 일반인들의 대화나 토론이 불가능했기 때문에 유행어나 신조어는 올드 미디어Legacy media, 즉 텔레비전, 라디오, 신문 등의 대중 매체에 의해서 만들어졌습니다. 외래어를 가지고 온다거나 다큐 등 텔레비전 프로그램에서 새로운 문화를 소개할 경우 주로 만들어졌습니다. 이 경우 신조어를 만들기 위해 재미 요소 보다는 오래 사용하고 의미가 깊으며 교양적으로 통용될 수 있는 부분들을 숙고하여 만들었을 겁니다. 하지만 이제는 인터넷을 통해 일반인들이 만들어 내는 단어들이 주류가 되었습니다. 그러다 보니 재미있고 대중 문화에서 보여준 장면이나 상황을 쉽게 표현 및 전달하기 위해 말을 줄이고 외래어 표현을 그대로 가져오거나 변형한 신조어로 표현하는 경향이 있습니다.

이 외에 다른 신조어들도 다양한 대중 문화와 인터넷 문화에서 기인한 것이 많습니다. 이러한 줄임말 혹은 신조어 문화는 재미와 창조적인 단어 창출을 바탕으로 만들어졌지만 실상은 시각 문화에서 공유하고 싶은 느낌을 쉽고 빠르게 전달하기 위해 없던 단어들을 줄이고 만들면서 시작되었습니다. 이렇게 MZ세대의 스키마는 비주얼 시각 대중 문화의 토대를 두고 형성됩니다.

이미 이들의 신조어는 일반적으로 연상하는 경향성을 뛰어 넘었다고 할 수 있겠습니다. 이러한 신조어에는 창의적인 면이 있습니다. 재미와 대중성을 두루 갖춘 단어이지만 여전히 대중 문화와 인터넷 문화 안에서 하위 유추에 기반을 둔 1차원적 스키마의 형성으로 보여지기도 합니다. 여기에서 한발 더 나아가야 합니다. 기억력의 한계를 뛰어 넘고 인공지능은 할 수 없는 창의적 유추를 해내기 위해서는 시각 공간적 스키마, 즉 상위·하위의 유추를 구조화해 키우는 것이 중요합니다.

홈멜Hummel과 홀리요크Holyoak의 의하면 창의성에 대한 포괄적 설명은 여전히 이해하기 어렵지만 창의성에 대한 설명에서 일부 명확하게 진술될 수 있습니다. 경험으로부터 새로운 표상을 생성해야 한다는 것입니다. 이때 높은 수준의 자율성으로 작동하는 인지 시스템이 새로운 경험을 할 때 새로운 표상을 생성해내야 하는 것입니다.43 홈멜과 홀리요크의 글에서 주목해야할 부분은 사물과 그들의 관계를 설명하는 새로운 방법이면서 새로운 표현은 창조적인 결과물의 초석이 된다는 겁니다.' 그들이 강조한 부분은 바로 사물과 그들의 관계를 설명하는 것에 있어서 이미 앞에서 설명한 입체적 관찰 및 하위·상위의 유추 구조물이 이 말을 설명합니다. 이때 말하는 새로운 방법 및 표현에는 특징, 범주, 개념, 술어, 명제, 규칙, 스키마를 포함하여 다양한 형태를 취할 수 있습니다. 이렇게 다양한 형태의 새로운 표현은 귀납, 즉 당면한 문제의 외부 사항에서 관련 사전 지식에 접근하고 사용하는 메커니즘에 의존합니다. 그러한 메커니즘의 두드러진 예는 유추에 의한 추론입니다. 추론을 도출하고 새로운 추상화를 배우기 위해 유추를 사용하는 것은 창조적 사고에 중요한 역할을 하는 것으로 알려져 있습니다. 이러한 과정을 통해 창의적인 발상이 가능하다는 것을 밝힌바 있습니다. 이는 기존의 유추와 스키마 매핑 등에 관련된 연구들을 바탕으로 합니다. 이 네 가지 과정에서도 매핑이란 단어에 주목한다면 입체적이라는 말을 이해하실 것입니다. 정보를 2차원에서 매칭 시키는 것이 아니라 다각도에서 매핑을 하면서 구조물을 만들어 내는 편에 가깝습니다. 매핑이란 단어도 맵, 즉 지도화 한다는 것입니다. 다시 말해 점들을 연결하면서 어떠한 지도화를 해내는 과정인데, 이때에 산의 능선이라거나 높낮이가 있다는 것을 생각하신다면 이해가 쉬울 것 같습니다. 이를 위해서는 아래의 네 가지의 과정을 거칩니다.[44]

1. 잠재적으로 유용한 관련 소스에 접근
2. 체계적인 대응을 위해 관련 소스를 대상에 매핑 (구조화 및 연결 짓기)
3. 대상에 대한 새로운 추론을 도출하기 위해 매핑 (재구조화 및 연결 짓기)을 사용
4. 소스와 대상 사이의 공통점을 포착하는 일반적인 스키마를 유도

물리적인 공간 경험의 중요성

물리적인 공간을 경험하는 것은 이러한 매핑 능력을 상승시킬 수 있는 방법입니다. 공간을 걸으며 직접 발로 그 땅을 밟으면서 공간을 느껴 보는 것 말입니다. 사실 이러한 것은 우리가 가진 신체의 장기와 몸의 역할들을 생각할 때 너무나 당연하고 자연스러운 구조와 기능입니다. 두발로 공간을 느끼면서 냄새를 맡고 머리로 공간을 인지하는 것은 인간의 인지력을 발전시킬 수 있습니다. 많은 공간을 경험해 본 사람들은 이러한 입체적 시각화 및 시뮬레이션이 쉽게 되므로 당연히 유추도 쉽습니다. 다른 이면을 본다는 말처럼 물리적인 공간을 경험할 때 시각이 바뀌고 바뀐 시각에 따라 인식이 달라지는 것을 다 들 경험했을 겁니다. 이 경험은 바로 여행입니다.

그런데 우리가 여행을 좋아하는 이유에 대해서는 매우 막연한 표현들을 합니다. 저는 단연코 우리의 몸이 만들어진 것을 보았을 때 자연적 상태에서 공간을 탐험하고 돌아다니도록 설계되었기 때문이라고 생각합니다. 물리적 공간을 경험하지 않고 사각형 아파트에서만 시간을 보낸 친구들을 보고 올드 세대들은 안타깝게 생각합니다. 그런데 그 이유는 정확하게 설명을 못 합니다. 그것은 인간의 네이쳐 즉 본성이 많이 제한되어 보이기 때문일 것입니다. 뇌를 발달시키기 위해서 운동이 중요하지만 걷기를 통한 공간에 대한 인식이 매우 중요한 발달 요소가 됩니다. 이러한 공간에 대한 인식의 중요성은 경험 디자인에서도 이미 밝혀진 바가 많습니다. 공간 경험에서 인간의 공간 인지를 강조한 연구들도 많습니다. 신체 구조와 연결된 감각 기관으로부터 받는 정보들이 얼마나 중요한지도 이

미 여러 연구에서 밝혀졌습니다.45

예를 들어 NASA 등의 연구 기관에서 연구 용도로 사용하는 무향실 anechoic chamber, 즉 외부의 소음을 완벽히 차단한 방은 1미터가량의 섬유 유리와 절연 처리된 이중 벽 그리고 30센티 두께의 벽으로 만들어졌습니다. 소음이 완벽히 차단되는 이방에 들어가 있으면 얼마 안 가 자신의 심장 박동 소리나 인체 내부의 장기 움직이는 소리까지 들을 수 있습니다. 인간의 몸 속에서 만들어 내는 장기의 소리만이 남은 것입니다. 이후 단계는 감각 기관에 혼란이 생기고 어지러워 서있기 조차 힘듭니다. 소리를 완전히 차단한 무향실에서 우리는 균형을 잡는 달팽이관이 이상 신호를 판단하여 어지러움증을 호소 할 수도 있습니다. 결국 일반적인 사람들은 40분을 넘기지 못하고 나가게 된다고 합니다. 이렇듯 우리는 자연 속에서 공간을 경험하는 것이 가장 자연스럽다는 것을 알 수 있습니다. 현재에도 많은 이슈가 되는 디지털 멀미 등도 이러한 효과를 설명합니다. 달팽이관이 예민한 분들이 소음이 차단된 헤드폰과 HMD를 쓰고 있으면 멀미가 나는 것이 비슷한 예시입니다.

지금까지 알아본 MZ세대와 알파 베타 세대가 사용하는 신조어가 보이는 특징은 시각적인 요소가 다분합니다. 그러할 가능성이 매우 높습니다. 하지만 메타버스 시대의 창의적 유추를 위해서는 공간감적 시각화, 즉 생각의 입체화가 있어야 할 것 입니다. 실질적 경험이 많지 않지만 메타버스를 통해 공간적 경험을 더 많이 함으로써 입체적 연결성 그러니까 누구도 유추하지 못한 것들을 해내는 능력을 쌓아야 할 것입니다. 이미 메타버스 플랫폼들은 그러한 특성을 보이고 있습니다. 음악을 들으면서 게임을 한다든가 아마존에서 패션쇼를 스트리밍 하면서 동시에 쇼핑이 가능하게 만든 것들은 기존의 것에 그냥 몇 가지를 결합한 것이 아닙니다. 입체적으로 결합한 것들의 예는 사람들의 필요와 재미, 사업성 등을 고려하여 성공적인 조합을 해낸 것입니다. 결과적으로 인간만의 고유한 능력인 창의적인 유추 능력이야말로 앞으로의 인재에게 필요한 역량입니다. 또한 이는 입체적인 가상 현실, 메타버스를 통해 물리적인 세계의 재현뿐만 아니라 자신의 경험을 구조화할 수 있는 장소가 될 것입니다.

SUMMARY PART 4 유추Analogy

1 유추의 뜻은 특정 결론에 도달할 때 비슷한 상황을 들여와 어떠한 측면이 유사하므로 이와 같은 결과를 도출할 수 있다고 말하는 것입니다.

2 '어떠한 측면'을 보기 위해서는 시각화 파트에서 소개한 관찰이 필요하고 또한 '이러한 결과'를 도출하기 위해서는 시뮬레이션 스킬이 필요합니다. 또한 더 나은 유추를 계속적으로 제시하면서 시도하는 애자일도 필요합니다.

3 상위의 유추를 해낸 아인슈타인의 상대성 이론은 100년이 지나서야 GPS의 오차를 교정하는 데 활용되었습니다. 하지만 이러한 상위 유추를 하기 위해서는 일상에서의 하위 유추는 물론이고 구조화된 스키마를 형성해야 합니다.

4 언어학에 머무른 카테고리들이 아니라, 의미를 설명하는 구조를 만들어 내야 합니다. 이를 메타버스와 시각화, 시뮬레이션, 애자일과 유추를 활용하여 연습하시길 바랍니다.

참고 문헌

1 D. Dunning, E. Balcetis, "Wishful seeing: How preferences shape visual perception", Current directions in psychological science, vol 22, pp. 33-37, 2013.

2 E. B. Goldstein, Encyclopedia of perception. Sage, 2010.

3 K. P. Leith and R. F. Baumeister, "Empathy, shame, guilt, and narratives of interpersonal conflicts: Guilt-prone people are better at perspective taking", Journal of personality, vol. 66, no. 1, pp. 1-37, 1998

P. Best, R. Manktelow, and B. Taylor, "Online communication, social media and adolescent wellbeing: A systematic narrative review," Children and Youth Services Review, vol. 41, pp. 27-36, 2014

S. Konrath, "The Empathy Paradox: Increasing disconnection in the age of increasing connection", p. 30, 2013

T. Alloway, R. Runac, M. Qureshi, and G. Kemp, "Is Facebook linked to selfishness? Investigating the relationships among social media use, empathy, and narcissism," Social Networking, vol. 3, no. 03, p. 150, 2014

4 A. A.-A. M. Ahmed, "New era of TV-watching behavior: Binge watching and its psychological effects", Media Watch, vol 8, pp. 192-207, 2017.

V. C. Granow, L. Reinecke, M. Ziegele, "Binge-watching and psychological well-being: Media use between lack of control and perceived autonomy", Communication Research Reports, vol 35, pp. 392-401, 2018.

L. L. Pena, "Breaking binge: Exploring the effects of binge watching on television viewer reception", PhD Thesis, Syracuse University, 2015.

K. Riddle, A. Peebles, C. Davis, F. Xu, E. Schroeder, "The addictive potential of television binge watching: Comparing intentional and unintentional binges.", Psychology of Popular Media Culture, vol 7, p. 589, 2018.

H. Shim, K. J. Kim, "An exploration of the motivations for binge-watching and the role of individual differences", Computers in Human Behavior, vol 82, pp. 94-100, 2018.

R. G. Stoldt, "The behavioral effects of the binge-watching mediamorphosis", PhD Thesis, Wichita State University, 2016.

5 D. Dunning, E. Balcetis, "Wishful seeing: How preferences shape visual perception", Current directions in psychological science, vol 22, pp. 33-37, 2013.

6 D. Dunning, E. Balcetis, "Wishful seeing: How preferences shape visual perception", Current directions in psychological science, vol 22, pp. 33-37, 2013.

7 L. K. Silverman, Upside-down brilliance: The visual-spatial learner. DeLeon Publishing Denver, CO, 2002.

8 I.-J. Lee, C.-H. Chen, K.-P. Chang, "Augmented reality technology combined with three-dimensional holography to train the mental rotation ability of older adults", Computers in Human Behavior, vol 65, pp. 488-500, 2016.12, doi: 10.1016/j.chb.2016.09.014.

9 서유정, MBC, "취준생 86만명 역대 최대…10명 중 3명은 공시생", 2017.7.20

10 이정훈, 연합뉴스, "조선소 떠나니…'희망퇴직' 응했지만 재취업·살길 막막", 2016.12.17

11 윤관동, 브레인미디어, "올림픽 선수의 두뇌훈련, 금메달이 보인다!", 2012.7.30

12 김병준, 중부일보, "이미지 트레이닝", 2006.11.20

13 이기은, 양해술, "ICT 학습을 활용한 이미지 트레이닝이 운동기능 향상 및 수업태도에 미치는 효과", 한국산학기술학회 논문지, vol 10, pp. 2837-2845, 2009.

14 B. Liang, J. Liu, "Design and development of sports training system based on image processing technology", Cluster computing, vol 22, 호 Suppl 2, pp. 3699-3706, 2018, doi: 10.1007/s10586-018-2220-1.

15 D. R. Scheer, "Hyperreality, vision and architecture", in Visioning Technologies, Routledge, 2016, pp. 183-198.

16 D. Scheer, The death of drawing: architecture in the age of simulation. Routledge, 2014.

17 L. M. Oberman, J. A. Pineda, V. S. Ramachandran, "The human mirror neuron system: A link between action observation and social skills", Soc Cogn Affect Neurosci, vol 2, 호 1, pp. 62-66, 2007.3, doi: 10.1093/scan/nsl022.

18 L. M. Oberman, J. A. Pineda, V. S. Ramachandran, "The human mirror neuron system: A link between action observation and social skills", Soc Cogn Affect Neurosci, vol 2, 호 1, pp. 62-66, 2007.3, doi: 10.1093/scan/nsl022.
R. W. Mitchell, "Mental models of mirror-self-recognition: Two theories", New ideas in Psychology, vol 11, 호 3, pp. 295-325, 1993.

19 최경애, 중앙일보, "하루 1시간 빨리 걷기, 파킨슨병 늦춘다", 2007.9.14
M. J. D. Caetano, L. T. B. Gobbi, M. del Rosario Sánchez-Arias, F. Stella, S. Gobbi, "Effects of postural threat on walking features of Parkinson's disease patients", Neuroscience Letters, vol 452, 호 2, pp. 136-140, 2009.

20 B. R. Belcher, J. Zink, A. Azad, C. E. Campbell, S. P. Chakravartti, M. M. Herting, "The roles of physical activity, exercise, and fitness in promoting resilience during adolescence: effects on mental well-being and brain development", Biological Psychiatry: Cognitive Neuroscience and Neuroimaging, vol 6, pp. 225-237, 2021.
L. Bunketorp Käll, H. Malmgren, E. Olsson, T. Lindén, M. Nilsson, "Effects of a curricular physical activity intervention on children's school performance, wellness, and brain development", Journal of School Health, vol 85, pp. 704-713, 2015.
M. H. Johnson, E. J. Jones, T. Gliga, "Brain adaptation and alternative developmental trajectories", Development and Psychopathology, vol 27, pp. 425-442, 2015.
L. Chaddock, M. B. Pontifex, C. H. Hillman, A. F. Kramer, "A review of the relation of aerobic fitness and physical activity to brain structure and function in children", Journal of the international Neuropsychological Society, vol 17, pp. 975-985, 2011.
C. M. Di Liegro, G. Schiera, P. Proia, I. Di Liegro, "Physical activity and brain health", Genes, vol 10, p. 720, 2019.
K. I. Erickson기타, "Physical activity, cognition, and brain outcomes: a review of the 2018 physical activity guidelines", Medicine and science in sports and exercise, vol 51, p. 1242, 2019.
N. A. Khan, C. H. Hillman, "The relation of childhood physical activity and aerobic fitness to brain function and cognition: a review", Pediatric exercise science, vol 26, pp. 138-146, 2014.

21 Stack Overflow "Stack Overflow Developer Survey 2018", 2018.3

22 J. Bloomberg, Forbes, "Digitization, Digitalization, And Digital Transformation: Confuse Them At Your Peril", 2018.4.29

23 B. Solis, C. Li, J. Szymanski, "The 2014 state of digital transformation", Altimeter Group, vol 1, pp. 1-33, 2014.

24 N. Perkin, P. Abraham, Building the agile business through digital transformation. Kogan Page Publishers, 2021.

25 S. Black, D. G. Gardner, J. L. Pierce, R. Steers, "Design thinking", Organizational Behavior, 2019.

26 권익도, 뉴스토마토, "(책읽어주는기자)마이클 조던의 성공 비결은 '성장 마인드셋'",

2017.10.25

27 Taiichi Ohno, Toyota, "'Ask "why" five times about every matter.'", 2006.3

28 M. Sheetz, CNBC, "Technology killing off corporate America: Average life span of companies under 20 years", 2017.8.24

29 M. Sheetz, CNBC, "Technology killing off corporate America: Average life span of companies under 20 years", 2017.8.24

30 김시균, 매일경제, "초고속 성장 뒤에 '빨리빨리 문화'의 부작용", 2015.1.1

31 T. DeMarco, T. Lister, Peopleware: productive projects and teams. Addison-Wesley, 2013.

32 G. Smith, Agile in an Imperfect World, "Seven Steps to Remarkable Retrospectives", 2013.5.1

33 D. R. Hofstadter, E. Sander, Surfaces and essences: Analogy as the fuel and fire of thinking' Basic books, 2013.

34 J. Chipchase, S. Steinhardt, Hidden in plain sight: how to create extraordinary products for tomorrow's customers, Harper Collins, 2013.

35 D. R. Hofstadter, E. Sander, Surfaces and essences: Analogy as the fuel and fire of thinking' Basic books, 2013.

36 L. K. Silverman, Upside-down brilliance: The visual-spatial learner. DeLeon Publishing Denver, CO, 2002.

37 E. Çubukcu, Ş. G. Dündar, "Can creativity be taught? An empirical study on benefits of visual analogy in basic design education", A| Z ITU Journal of the Faculty of Architecture, vol 4, 호 2, pp. 67-80, 2007.

38 J. E. Hummel, K. J. Holyoak, "Analogy and creativity: Schema induction in a structure-sensitive connectionist model", Creativity, cognition, and knowledge: An interaction, pp. 181-210, 2002.

39 S. McLeod, "Piaget's Theory and Stages of Cognitive Development", Developmental Psychology, Simply Psychology, 2018.
F. A. Bartlett, A. Remembering, "A study in experimental and social psychology", New York: Cambridge University Press, 1932.

40 XML.COM, "Comparing XML Schema Languages", 2001.12.12

41 W3C, "Machine Learning Schema Community Group"

42 XML.COM, "Comparing XML Schema Languages", 2001.12.12

43 J. E. Hummel, K. J. Holyoak, "Analogy and creativity: Schema induction in a structure-sensitive connectionist model", Creativity, cognition, and knowledge: An interaction, pp. 181-210, 2002.

44 D. Gentner, "Analogy", A companion to cognitive science, pp. 107-113, 1998.
M. L. Gick, K. J. Holyoak, "Analogical problem solving", Cognitive psychology, vol 12, pp. 306-355, 1980.
D. Gentner, "Structure-mapping: A theoretical framework for analogy", Cognitive science, vol 7, pp. 155-170, 1983.
D. Gentner, A. B. Markman, "Structure mapping in analogy and similarity.", American psychologist, vol 52, p. 45, 1997.
J. G. Carbonell, "Learning by analogy: Formulating and generalizing plans from past experience", in Machine learning, Springer, 1983, pp. 137-161.

45 이혜윤, "공간경험의 중요성에 기반한 브랜드체험공간 디자인 연구", 2009.
김예진, 이정욱, "경험디자인의 개념과 특성에 관한 연구: 인간의 공간 인지 과정을 중심으로", 한국실내디자인학회 논문집, vol 15, pp. 138-146, 2006.
강성중, 권영걸, "공간에서의 인터랙션 디자인 개념 적용에 대한 연구", 한국실내디자인학회논문집, vol 14, pp. 234-242, 2005.

0.1% 인재들의 생각법

초판 1쇄 인쇄 2022년 10월 17일
초판 1쇄 발행 2022년 10월 20일

지은이 정소영
펴낸이 최익성

기획 이유림
책임편집 전찬우
마케팅 총괄 임동건
마케팅 임주성, 김민숙, 홍국주, 김아름, 신현아, 김다혜, 이병철, 송현희, 김신혜
마케팅 지원 안보라, 안민태, 우지훈, 박성오, 신원기, 박주현, 배효진
경영지원 임정혁, 이순미

펴낸곳 플랜비디자인
디자인 빅웨이브

출판등록 제 2016-000001호
주소 경기도 화성시 첨단산업1로 27 동탄IX타워 A동 3210호
전화 031-8050-0508
팩스 02-2179-8994
이메일 planbdesigncompany@gmail.com

ISBN 979-11-6832-035-2 (03320)

• 이 책은 저작권법에 따라 보호받는 저작물이므로 무단 전재와 무단 복제를 금지하며, 이 책의 내용을 전부 또는 일부를 이용하려면 반드시 저작권자와 플랜비디자인의 서면 동의를 받아야 합니다.
• 잘못된 책은 구매처에 요청하면 교환해 드립니다.